低碳智库译丛

国家出版基金项目
NATIONAL PUBLICATION FOUNDATION

"十三五"国家重点图书出版规划项目

GETTING ENERGY PRICES RIGHT
From Principle to Practice

Ian Parry Dirk Heine Eliza Lis and Shanjun Li

正确设定能源价格
从原则到实践

〔美〕伊恩·帕里 德克·海因 埃莉莎·利斯 李善军 著

张彦通 南雁 孙立 王琼 译

东北财经大学出版社
Dongbei University of Finance & Economics Press

大连

辽宁省版权局著作权合同登记号：06-2016-05

Getting Energy Prices Right：From Principle to Practice by Ian Parry，Dirk Heine，Eliza Lis，and Shanjun Li

Copyright©2014 International Monetary Fund

Simplified Chinese rights arranged through CA-LINK International LLC（www.ca-link.com）

图书在版编目（CIP）数据

正确设定能源价格：从原则到实践 ／ （美）伊恩·帕里（Ian Parry）等著；张彦通等译.
一大连：东北财经大学出版社，2018.4
（低碳智库译丛）
ISBN 978-7-5654-3029-9

Ⅰ．正… Ⅱ．①伊… ②张… Ⅲ．能源价格-研究 Ⅳ．F407.2

中国版本图书馆 IP 数据核字〔2017〕第324824号

东北财经大学出版社出版发行
　　大连市黑石礁尖山街217号　邮政编码　116025
　　网　　址：http：//www．dufep．cn
　　读者信箱：dufep @ dufe．edu．cn
大连永盛印业有限公司印刷

幅面尺寸：170mm×240mm　字数：182千字　印张：13.25
2018年1月第1版　　　　　　　2018年1月第1次印刷
责任编辑：李　季　徐　群　　责任校对：田玉杰
封面设计：冀贵收　　　　　　　版式设计：钟福建
定价：38.00元

教学支持　售后服务　　联系电话：（0411）84710309
版权所有　侵权必究　　举报电话：（0411）84710523
如有印装质量问题，请联系营销部：（0411）84710711

"低碳智库译丛"总序

　　气候变化是当前人类面临的最大威胁，危及地球生态安全和人类生存与发展。采取应对气候变化的智慧行动可以推动创新、促进经济增长并带来诸如可持续发展、增强能源安全、改善公共健康和提高生活质量等广泛效益，增强国家安全和国际安全。全球已开展了应对气候变化的合作进程，并确立了未来控制地表温升不超过2℃的目标。其核心对策是控制和减少温室气体排放，其中主要是化石能源消费的CO_2排放。这既引起新的国际治理制度的建立和发展，也极大地推动了世界范围内能源体系的革命性变革和经济社会发展方式的转变，低碳发展已成为世界潮流。

　　自工业革命以来，发达国家无节制地廉价消耗全球有限的化石能源等矿产资源，完成了工业化和现代化进程。在创造其当今经济社会高度发达的"工业文明"的同时，也造成世界范围内化石能源和金属矿产资源日趋紧缺，并引发了以气候变化为代表的全球生态危机，付出了严重的资源和环境代价。在全球应对气候变化减缓碳排放背景下，世界范围内正在掀起能源体系变革和转型的浪潮。当前以化石能源为支柱的传统高碳能源体系，将逐渐被以新能源和可再生能源为主体的新型低碳能源体系所取代。人类社会的经济发展不能再依赖地球有限的矿物资源，也不能再过度侵占和损害地球的环境空间，要使人类社会形态由当前不可持续的工业文明向人与自然相和谐、经济社会与资源环境相协调和可持续发展的生态文明的社会形态过渡。

应对气候变化，建设生态文明，需要发展理念和消费观念的创新：要由片面追求经济产出和生产效率为核心的工业文明发展理念转变到人与自然、经济与环境、人与社会和谐和可持续发展的生态文明的发展理念；由过度追求物质享受的福利最大化的消费理念转变为更加注重精神文明和文化文明的健康、适度的消费理念；不再片面地追求 GDP 增长的数量、个人财富的积累和物质享受，而是全面权衡协调经济发展、社会进步和环境保护，注重经济和社会发展的质量和效益。经济发展不再盲目向自然界摄取资源、排放废物，而要寻求人与自然和谐相处的舒适的生活环境，使良好的生态环境成为最普惠的公共物品和最公平的社会福祉。高水平的生活质量需要大家共同拥有、共同体验，这将促进社会公共财富的积累和共享，促进世界各国和社会各阶层的合作与共赢。因此，传统工业文明的发展理论和评价方法学已不能适应生态文明建设的发展理念和目标，需要发展以生态文明为指导的发展理论和评价方法学。

政府间气候变化专门委员会（IPCC）第五次评估报告在进一步强化人为活动的温室气体排放是引起当前气候变化的主要原因这一科学结论的同时，给出全球实现控制温升不超过 2℃ 目标的排放路径。未来全球需要大幅度减排，各国经济社会持续发展都将面临碳排放空间不足的挑战。因此，地球环境容量空间作为紧缺公共资源的属性日趋凸显，碳排放空间将成为比劳动力和资本更为紧缺的资源和生产要素。提高有限碳排放空间利用的经济产出价值就成为突破资源环境制约、实现人与自然和谐发展的根本途径。广泛发展的碳税和碳市场机制下的"碳价"将占用环境容量的价值显性化、货币化，将占用环境空间的社会成本内部化。"碳价"信号将引导社会资金投向节能和新能源技术，促进能源体系变革和经济社会低碳转型。能源和气候经济学的发展越来越关注"碳生产率"的研究，努力提高能源消费中单位碳排放即占用单位环境容量的产出效益。到 2050 年世界 GDP 将增加到 2010 年的 3 倍左右，而碳排放则需要减少约 50%，因此碳生产率需要提高6倍左右，年提高率需达4.5%以上，远高于工业革命以来劳动生产率和资本产出率提高的速度。这需要创新的能源经济学和气候经济学理论来引导能源的革命性变革和经济发展方式的变革，从而实现低碳经济的发展路径。

经济发展、社会进步、环境保护是可持续发展的三大支柱，三者互相依存。当前应对气候变化的关键在于如何平衡促进经济社会持续发展与管理气候风险的关系。气候变化使人类面临不可逆转的生态灾难的风险，而这种风险的概率和后果以及当前适应和减缓行动的效果都有较大的不确定性。国际社会对于减排目标的确立和国际制度的建设是在科学不确定情况下的政治决策，因此需要系统研究当前减缓气候变化成本与其长期效益之间的权衡和分析方法；研究权衡气候变化的影响和损害、适应的成本和效果、减缓的投入和发展损失之间关系的评价方法和模型手段；研究不同发展阶段国家的碳排放规律及减缓的潜力、成本与实施路径；研究全球如何公平地分配未来的碳排放空间，权衡"代际"公平和"国别"公平，从而研究和探索经济社会发展与管控气候变化风险的双赢策略。这些既是当前应对气候变化的国际和国别行动需要解决的实际问题，也是国际科学研究的重要学术前沿和方向。

当前，国际学术界出现新气候经济的研究动向，不仅关注气候变化的影响与损失、减排成本与收益等传统经济学概念，更关注在控制气候风险的同时实现经济持久增长，把应对气候变化转化为新的发展机遇；在国际治理制度层面，不仅关注不同国家间责任和义务的公平分担，更关注实现世界发展机遇共享，促进各国合作共赢。理论和方法学研究在微观层面将从单纯项目技术经济评价扩展到全生命周期的资源、环境协同效益分析，在宏观战略层面将研究实现高效、安全、清洁、低碳新型能源体系变革目标下先进技术发展路线图及相应模型体系和评价方法，在国际层面将研究在"碳价"机制下扩展先进能源技术合作和技术转移的双赢机制和分析方法学。

　　我国自改革开放以来，经济发展取得举世瞩目的成就。但快速增长的能源消费不仅使我国当前的 CO_2 排放已占世界1/4以上，也是造成国内资源趋紧、环境污染严重、自然生态退化严峻形势的主要原因。因此，推动能源革命，实现低碳发展，既是我国实现经济社会与资源环境协调和可持续发展的迫切需要，也是应对全球气候变化、减缓 CO_2 排放的战略选择，两者目标、措施一致，具有显著的协同效应。我国统筹国内国际两个大局，积极推动生态文明建设，把实现绿色发展、循环发展、低碳发展作为基本途径。我国自"十一五"以来制定实施并不断强化积极的节能和 CO_2 减排目标及能源结构优化目标，并以此为导向，促进经济发展方式的根本性转变。我国也需要发展面向生态文明转型的创新理论和分析方法作为指导。

　　先进能源的技术创新是实现绿色低碳发展的重要支撑。先进能源技术越来越成为国际技术竞争的前沿和热点领域，成为世界大国战略必争的高新科技产业，也将带来新的经济增长点、新的市场和新的就业机会。低碳技术和低碳发展能力正在成为一个国家的核心竞争力。因此，我国必须实施创新驱动战略，创新发展理念、发展路径和技术路线，加大先进能源技术的研发和产业化力度，打造低碳技术和产业的核心竞争力，才能从根本上在全球低碳发展潮流中占据优势，在国际谈判中占据主动和引导地位。与之相应，我国也需要在理论和方法学研究领域走在前列，在国际上发挥积极的引领作用。

　　应对气候变化关乎人类社会的可持续发展，全球合作行动关乎各国的发展权益和国际义务。因此相关理论、模型体系和方法学的研究非常活跃，成为相关学科的前沿和热点。由于各国研究机构背景不同，思想观念和价值取向不同，尽管所采用的方法学和分析模型大体类似，但各自对不同类型国家发展现状和规律的理解、把握和判断的差异，以及各自模型运行机理、参数选择、政策设计等主观因素的差异，特别是对责任和义务分担的"公平性"的理念和度量准则的差异，往往会使研究结果、结论和政策建议产生较大差别。当前在以发达国家研究机构为主导的研究结果和结论中，往往忽略发展中国家的发展需求，高估了发展中国家减排潜力而低估了其减排障碍和成本，从而过多地向发展中国家转移减排责任和义务。世界各国因国情不同、发展阶段不同，可持续发展优先领域和主要矛盾不同，因此各国向低碳转型的方式和路径也不同。各国在全球应对气候变化目标下实现包容式发展，都需要发展和采用各具特色的分析工具和评价方法学，进行战略研究、政策设计和效果评估，为决策和实施提供科学支撑。因此，我国也必须自主研发相应的理论框架、模型体系和分析方法学，在国际学术前沿占据一席之地，争取发挥引领作用，并以创新的理论和方法学，指导我国向绿色低碳发展转型，实现应对全球气候变化与自身可持续发展的双赢。

　　本译丛力图选择翻译国外最新、最有代表性的学术论著，便于我国相关科技工作者和管理干部掌握国际学术动向，启发思路，开阔视野，以期对我国应对全球气候变化和国内低碳发展转型的理论研究、政策设计和战略部署有参考和借鉴作用。

　　　　　　　　　　　　　　　　　　　　　　　　　　何建坤

　　　　　　　　　　　　　　　　　　　　　　　　2015 年 4 月 25 日

在过去的 100 年中，全球生活标准有了极大提高，如果没有储量巨大的化石燃料所提供的能源，这些成就是难以想象的。然而，化石能源的过量使用，也带来了很大的副作用，并导致了诸多的社会、政治和经济的问题。现在我们需要做的是，在持续减贫和促进包容性增长的同时，努力寻找能源的多元化途径和降低能耗的方法。在这方面，国际货币基金组织（以下简称"基金组织"）一直在积极地开展工作。

诚然，关注能源政策并不是基金组织新近开辟的领域。多年来，我们一直在强调通过减少对有害燃料的补贴提升财政收益，当然这也是着眼于为纳税人省钱。但是，不论是从环境恶化、食品价格上涨的角度，还是从有关气候变化的威胁角度，随着能源消耗的副作用达到空前严峻的水平，基金组织正持续加大这方面的工作力度。

在应对能源挑战方面，政策制定者有多种选择方案。鉴于价格对经济行为具有巨大的引导作用，运用基础的税收工具调节能源价格就变得异常重要。"正确设定能源价格"意味着对化石能源的税收应该设定一个合理的水平，从而使能源价格能够反映其对环境的损害程度。

这个经济学原理大家是能够接受的，但要付诸实践，却是一项充满智慧的挑战，本书正是在这方面作出了独特的贡献。作者在尝试对能源消耗的环境影响进行定量测算后，提出了一套能够平衡环境收益和成本支出的燃油税体系，并针对不同国家的情况进行了逐一核校。根据对数据的谨慎选择，本书对 150 多个国家的合理燃油税进行了测算，并提出了未来继续完善和调整的测算框架。

结果表明，不论是发达国家、新兴国家，还是发展中国家，在"正确设定能源价格"的征程中都还处于起步阶段。测算结果还显示，即使不考

虑气候变化因素，仅区域性空气污染损害、交通拥堵成本及潜在收益（对
其他税收的替代收益）等已足够支撑更高的燃油税。

　　本书提供的这些工具和思路对我们无疑将有巨大的帮助，使我们有能
力探索更加有效的能源定价机制。当然，这也为经济持续、强劲和包容性
的增长提供了可能。

克里斯蒂娜·拉加德
国际货币基金组织总裁

℃	摄氏度
CO_2	二氧化碳
ETS	排放交易体系
EU	欧盟
FASST	快速场景筛选工具
GHG	温室气体
GJ	吉焦（十亿焦耳）
IPCC	政府间气候变化专门委员会
NO_x	氮氧化物
PAYD	驾驶付费
PM	颗粒物
PM2.5	直径小于2.5微米的颗粒物
ppm	百万分之
R&D	研发
SCC	碳的社会成本
SO_2	二氧化硫
U.K.	英国
U.S.	美国
VOT	出行时间价值

↘ 目 录

第1章

给政策制定者的建议概要

在很多国家，很多的能源政策都是错误的。这些能源政策的设定并没有反映出环境损害、全球变暖、空气污染以及机动车使用所产生的各种各样的负面影响。正因为如此，很多国家的财政收入主要是从产业生产和资本积累的直接税收方面收取，却很少从能源消耗的税收方面收取。

本书重在关注如何正确制定能源价格。要矫正能源消费对环境侧的影响，财政政策必须发挥主要核心作用。本书的主要目的是，通过建立一套测定能源价格的可操作的方法和工具，试图将这一原则推向实践。本书对156个国家在煤炭、汽油、天然气和柴油方面的税费进行了评估，使其更真实地反映环境成本。本书提出的政策建议的核心思想是，税收（包括类似的税收政策）可以影响经济行为。这同烟草税可以阻止烟草过度消费的道理一脉相承，恰当的能源税可以起到阻止人们对有损环境的能源过度消费的作用。

1.1 背　景

在工商业生产中，能源是重要的生产资料，同时能源也是重要的终端消费品。但是，能源的消费也会产生额外的环境影响以及其他副作用，并伴随着潜在的、巨大的经济成本。比如：

• 如果任其发展，到21世纪末，空气中二氧化碳（CO_2）和其他温室气体的集聚将会导致全球温度升高3℃~4℃（IPCC，2013）。从历史标准来看，这种级别的温度变化是很大的，会构成巨大的风险。

• 空气污染，特别是化石燃料燃烧造成的污染，在全球范围内造成每年超过300万未成年人的死亡，并造成美国GDP的1%和中国GDP的4%的损失（国家研究理事会，2009；世界银行和中国国家环境保护部，2007；世界卫生组织，2013）。

• 机动车的过度使用导致道路拥挤和事故伤亡。以伦敦为例，高峰期机动车的交通拥堵会造成复合损失。据估算，每升汽油（每加仑38美元）燃烧产生了相当于10美元的复合损失。而在全球范围内，交通事故会造成约120万人的死亡（Parry和Small，2009；世界卫生组织，2013）。

1.1.1 财政政策的必要性

考虑到燃料消耗问题的严重性，强调对政策工具的设计就显得非常重要。从理论上讲，这些政策应该遵循下列原则：

• 有效性原则，利用一切可能和机会减少环境损害，动员民间资本投资清洁技术。

• 低成本原则，以最低的经济成本实现最大的环保目标。

• 平衡性原则，努力追求环境改善的成本和收益的平衡，使净收益最大化。

这三个原则的应用，对于平衡环境保护和经济增长之间的关系，以及提升对持续和扩大政策效能的预期都是至关重要的。财政政策工具以及类似的政策工具（主要是具有定额拍卖性质的排放交易体系）能够完全满足这些原则（当然需要辅以其他补充性措施，如在交通运输基础设施方面的研究、开发与投资）。

财政政策直接对环境损害的源头发力，这有助于减少能源消费对环境损害的可能性范围。这些工具的应用也可以产生实实在在的财政收益，只要有效利用这些财政政策，特别是通过税收政策减少对经济活动的扭曲影响，就能够以最小的经济代价实现最佳的环境保护目的。最后，如果这些财政政策能够反映全部的环境损害，不仅可以避免对经济发展造成过重的负担，还可以在全球范围内促进环境改善。

1.1.2 正确定价

"正确定价"是一种最简便的财政工具，可以确保企业和消费者的燃料消费价格反映其全部社会成本，这就需要一套有效的、正确的税制调整燃料的市场价格。在实践中，很多国家不但没有征收与环境损害有关的税费，反而通过补贴的办法鼓励对化石能源的使用。而在其他国家，即使有相关的政策，能源税也没有明确指向是源于其对环境的破坏，其税收水平也没有恰当地反映其对环境的破坏程度。很显然，这方面的政策有很大的改进空间，但是，不论是在实践上，还是在理论上，都会面临巨大的挑战。

从实践的角度来看，提高能源价格会增加家庭和企业的经济负担，即使制定有明确指向的补偿机制，也会受到强烈抵制。这些挑战不可低估，远超出了本书谈论的范围。

1.1.3　有效设置能源税

为了有效降低与能源消费有关的二氧化碳排放、区域性空气污染，以及机动车使用造成的其他副作用，能源税的设置应考虑下列三个基本内容：

• 对化石燃料征税，因其直接向空气中排放二氧化碳（或者可以直接对其征收排放税）。但是，有些国家（特别是那些低收入和低排放的国家）的政府以各种理由拒绝强制收取这种税费。

• 对使用燃料进行发电、供暖，以及对其他固定污染源征收额外费用。这类燃料的消费是区域性空气污染的主要元凶，正是这些燃料的净排放对环境造成了巨大的损害（可测算燃料在燃烧过程中的排放量，对其直接征收排放税）。

• 对机动车征收额外费用，因其造成了区域性空气污染、交通拥堵、交通事故和道路损坏。在理想情况下，这些费用最好按照机动车行驶的里程进行征收（如在繁忙道路的拥堵高峰期）。当然，这样做要依靠逐步改进的科技手段。然而，在此之前，机动车燃油税能够反映其全部的损害成本，也就是这种手段的目的。

实践中，由于受到复杂的政治因素影响，能源税的税基和税率常常偏离上述理想状态，这也说明采取法规性措施的必要性。但是，各国政府要在各种政策选择之间进行权衡，对环境、财政以及其他目标进行有效协调和调整，达成政策之间最大的平衡。本书所能做的第一步工作，就是为不同国家提供某种定量化的矫正能源税体系，从而为相关政策的选取提供参照和分析方法。

1.2　方　　法

虽然理论上用来评估各种环境损害的技术和方法是成熟的，但是需要进行深度的数据分析和处理。

1.2.1　气候损害

本书并不想介入有关气候损害的争论，主要是以一组描述性的价值损失，即以每吨二氧化碳 35 美元的损失（美国碳社会成本问题机构间工作组，2013），再加上各种燃料消费造成的碳排放数据，从而获得所有国家的碳损失（很容易推断出不同损害假设的含义，包括低收入和低排放国家的零损害）。

1.2.2　空气污染

区域性空气污染的主要危害在于对暴露人口日益升高的死亡威胁。对煤炭企业的排放进行损害评估时，要结合每个企业附近不同距离的人口数据，根据该企业所在地域的有关数据进行评估。首先，对不同国家的人们所吸入污染物（烟囱排放物可以扩散到相当远的地方）的量进行初步估算。然后，将这些数据与排放相关联的疾病及其死亡基准率，以及与污染暴露程度和风险升高之间关系的最新研究证据相结合（尽管它们之间的关系还存在一定程度的不确定性）。对健康损害必须进行货币化处理，是一个具有争议的探索。但是，基于 OECD（2012）所做的大量的研究和分析，不同国家的人们对于货币化数值和污染危害之间的价值权衡具有不同的判断，本书根据这些研究进行了阐释性的测算。同样的方法也用于测算天然气企业的空气污染损害。机动车和其他地面污染源（往往是局部集中的）的损害，是从城市层面的污染摄入量的数据库中推算出来的。

1.2.3　交通拥堵和交通事故

一个车辆使用者驾驶机动车所付出的交通拥堵成本，是根据一个城市层面关于交通拥堵和各种交通指标的关系等数据进行估算的，然后再将这一结果根据一个国家的相关数据进行外推。出行延误的货币化损失，则是根据人们的工资水平和他们如何评价其出行时间之间的关系进行测算。交通事故成本是基于国家层面的伤亡数据，结合车辆使用者对于哪些事故损失计入损失估值、哪些损失不计入损失估值的假说模型，再加上对各种其他损失（如医疗费用、财产损失、非致命伤害等）的推算。

1.3 主要结论

主要的政策性启示列述如下：

- 对煤炭消费的征税普遍过低。不仅对于碳排放，而且对空气污染所造成健康成本的征税也同样偏低。燃煤发电产生二氧化碳排放，其税费约是 3.3 美元/吉焦。如果按照 2010 年世界平均煤价计算，实际税费应该是 5 美元/吉焦。那么，今天对煤炭的最低税费是多少就显而易见了。图 1-1 的第一组数据显示了区域性空气污染的矫正税，在 18 个国家中，10 个国家的矫正税超过了碳价。尽管这些数值在人口暴露程度、排放率以及死亡风险价值之间存在很大差别，但是针对区域性空气污染的矫正税是根据企业平均排放率计算的。这些国家的企业，有的可能采取了减排措施，有的可能没有。初步的估算已足以说明，所有企业都应该采取减排措施。

- 相对于煤炭来说，天然气造成的空气污染损害要比较温和，但仍需对其大幅度地增加税收，使之反映其造成的碳排放损害。图 1-1 中的第二组数据显示了大多数国家对于天然气的区域性空气污染的矫正价格一般在 1 美元/吉焦，或者更少。在碳排放的组项上也同样较小：相对于煤炭来说，天然气每焦耳少产生了 40% 的二氧化碳。但是，矫正价格应该包含碳排放，约是 2 美元/吉焦（差不多是全球平均天然气价格的 40%），高于现行税的水平。

- 在多数国家，对机动车燃料征收更高的税费是有道理的，其更多地反映了交通拥堵和交通事故的成本，而不是反映了碳排放和区域性空气污染。根据图 1-1 的第三组数据，在 20 个国家中，有 17 个国家的矫正汽油税约为 0.4 美元/升（约为 1.5 美元/加仑），或者更高，这一数值在 15 个国家中超过了现行税。其中，交通拥堵和交通事故成本合计达到矫正税的 70%~90%。在所有案例中，二氧化碳排放贡献了 0.08 美元/升，而区域性空气污染的贡献通常较少。矫正柴油税（使用柴油的主要是卡车，也有部分汽车使用柴油）比矫正汽油税略高（图 1-1 第四组数据）。因此，对柴油收取略低的税费，是缺乏系统数据支持的。

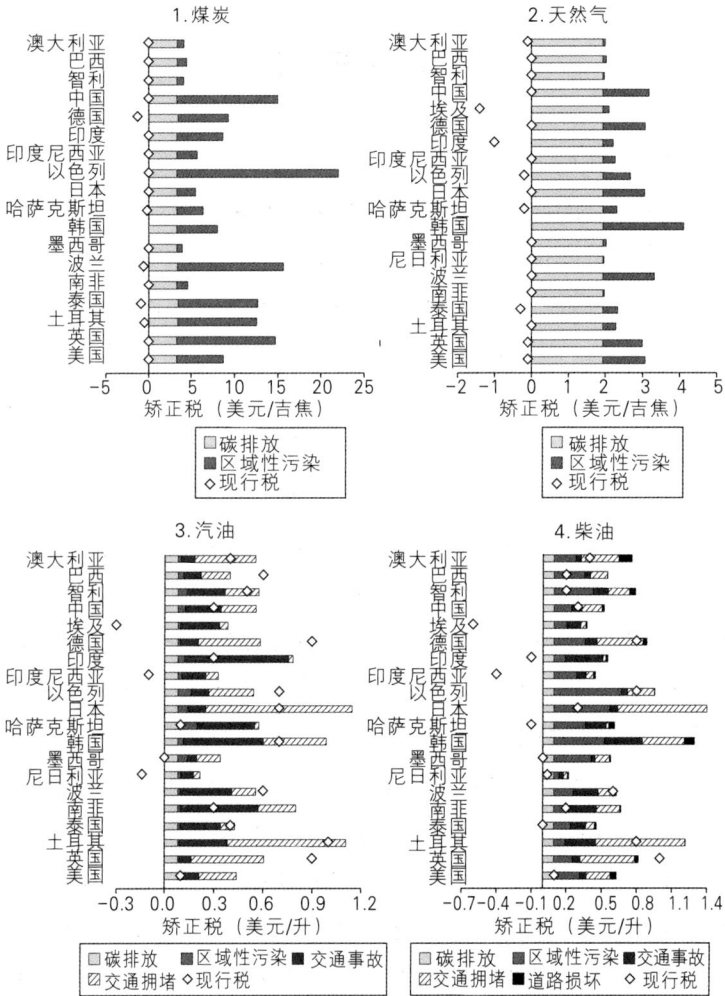

图1-1　2010年各国反映环境成本的矫正燃油税

资料来源：根据本书描述的方法测算的结果。

● 矫正税可以大幅度减少与污染有关的死亡和二氧化碳排放，并带来巨大的收入增长：

■在全球范围内，燃油税的改革可以减少63%与室外暴露、化石燃料以及空气污染等有关的死亡。在图1-2的第一组数据中所显示的国家，绝大多数避免死亡的原因是对煤炭实施矫正税的结果。

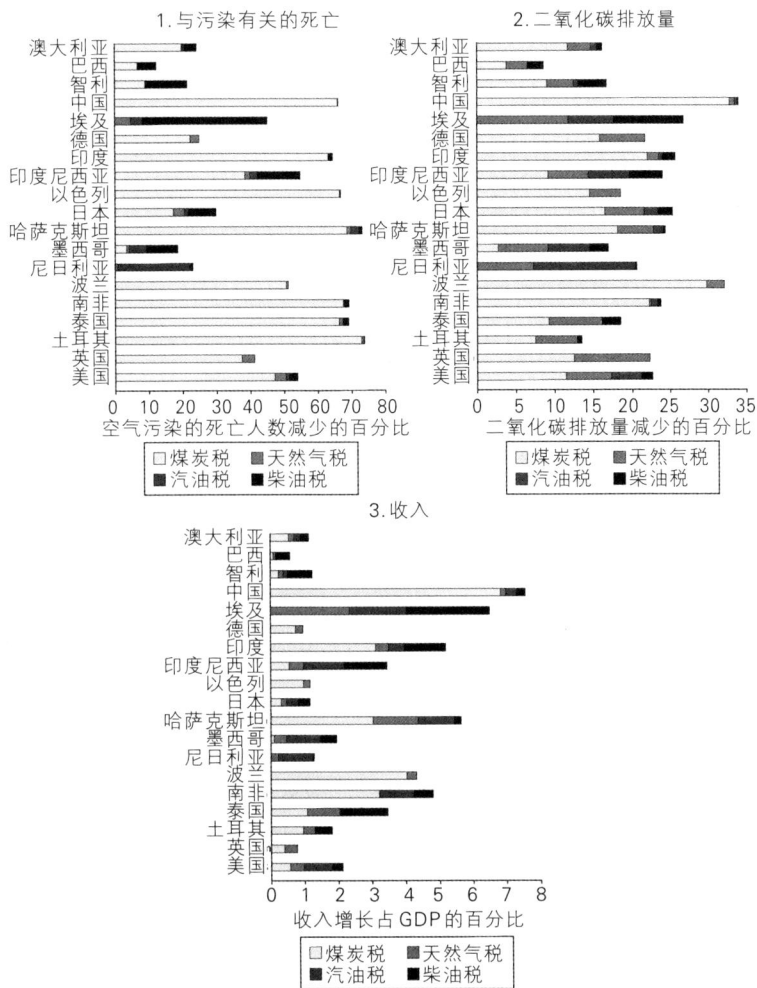

图1-2 2010年各国燃油税改革的影响

资料来源：根据本书描述的方法测算的结果。

■在全球范围内，税收改革可以使二氧化碳排放量减少23%。图1-2的第二组数据显示了除5个国家之外，煤炭（由于高的碳排放强度和高的矫正税）

在二氧化碳减排中占比都超过了50%，有7个国家的占比超过了75%或更多。

■实施矫正税产生的潜在平均收益达到了GDP的2.6%。对煤炭征收矫正税是财政收入的主要方面，图1-2的第三组数据说明了在许多国家都是如此，特别是煤炭使用强度较高的国家，如中国（收入预测是非常接近的）。而在其他国家，如巴西、埃及、印度尼西亚、日本、墨西哥、尼日利亚和美国，较高的机动车燃油税通常是导致潜在收入增加的主要来源（包括某些情况的补贴减免）。

■简言之，大幅度提高能源税并不单纯出于应对气候变化的需要。加强全球性协调和采取决定性措施已时不我待。

1.4 结论提要

正确设定能源价格涉及提高机动车燃油税，这是普遍能够接受且容易管理的。也就是说，将税收与环境损害相关联，并且对类似的化石燃料产品（及其排放）的使用收取类似的税费。当然这样做有其复杂性（这些税费的设定应该基于特定排放行为的净排放量及其适用的排放控制技术），但困难仍是能够解决的。本章告诉我们，有效的燃油税和现实政策之间普遍存在巨大的差距。不仅在发达国家，而且在发展中国家，财政支出、环境保护和国民健康之间也存在巨大的弥补空间（在很多国家，这一差距是惊人的）。

最大的挑战是如何使之付诸实施，即如何为推进能源税改革汇聚支持。国际组织和其他组织可以在其中发挥重要作用：首先是推动对话，交流先进经验；其次是通过翔实的分析和测算，为每一项可行的方案提供定量化的政策收益测算，然后评估各种政策可能产生的效果，以便提前规划好各种弥补措施。

1.5 本书概览

针对不同燃料及不同国家的矫正税估算，以及税收改革对财政、环境和健康等收益的粗略测算，将在第6章进行详细分析。对于想直接了解这方面内容的读者，可以跳过前面几章直接阅读第6章。其他几章的安排：第2章提供了能源系统的概览、环境侧影响的本质以及主要财政政策对能源的影响；第3章描述了一种特定的案例和设计，即财政政策工具是如何产生环境侧影响的；第4章重点讨论了化石燃料使用所产生的空气污染，及其对全球范围和区域范围的损害测量；第5章测算了与机动车使用相关的交通拥堵、交通事故和道路损坏的成本；第7章是要点概括。

参考文献

Clements, Benedict, David Coaly, Stefania Fabrizio, Sanjeev Gupta, Trevor Alleyene, and Carlo Sdralevich, eds. (2013) Energy Subsidy Reform: Lessons and Implications .Washington: International Monetary Fund.

Intergovernmental Panel on Climate Change (2013) Climate Change 2013: The Physical Science Basis, Contribution of Working Group I to the Fifth Assessment Report of the IntergovernmentalPanel on Climate Change. Cambridge, U. K.: Cambridge University Press.

National Research Council (2009) Hidden Costs of Energy: Unpriced Consequences of Energy Production and Use. Washington: National Research Council, National Academies.

Organization for Economic Cooperation and Development (2012) Mortality Risk Valuation in Environment, Health and Transport Policies. Paris: Organization for Economic Cooperation and Development.

Parry, Ian W.H., and Kenneth A. Small (2009) 'Should Urban Transit Subsidies Be Reduced', American Economic Review, 99(3):24-700.

World Bank and State Environmental Protection Agency of China (2007) Cost of Pollution in China: Economic Estimates of Physical Damages . Washington: World Bank.

World Health Organization (2013) Global Health Observatory Data Repository. Geneva: World Health Organization.

[第2章]

能源体系、环境问题以及现行财税政策：概述

化石能源是发电、运输工具、建筑业和制造业等能耗的主要燃料。燃料燃烧会产生二氧化碳排放物和空气污染物，使用运输工具也会造成交通拥堵、交通事故和道路损坏（较次要的）。

本章对能源体系进行概述，详细阐述了能源体系对环境的主要影响，并探讨了现有的财税政策对能源系统的影响。尽管这些信息不能直接估算出合理的燃油税，但它可以为税收整改提供更广阔的背景和建议，并且对不同的国家可能会产生不同的影响。

2.1　能源体系概览

虽然本节展现了156个国家的实例，但是主要聚焦于20个国家说明正确设定的能源税是如何随着人均收入、混合燃料、人口密度、交通死亡事故等的变化而变化的。本节提供了这些国家2010年的一些基础数据（或者可用的最新数据）。

图2-1显示了一次能源消费（如转化为电能之前的化石和其他燃料的能源总量）的人均吉焦量。人均能源消费最高的国家是美国，德国、日本、英国等国家的人均能源消费几乎是美国的一半，而印度、印度尼西亚和尼日利亚等国家的人均能源消费等于或小于美国的8%。

这些差异主要表现在能源消费用于电力和机动车方面的不同。图

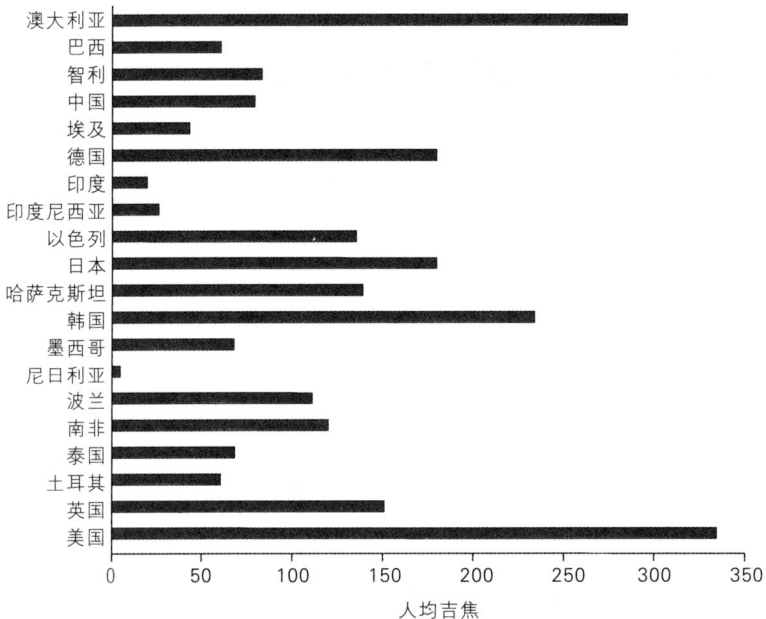

图2-1　2010年各国人均主要能源消耗

注：在转化为发电之前，主要能源消耗是指化石燃料和其他燃料的能源含量。

资料来源：US EIA（2013）。

2-2表明了人均用电量的相对差异，与人均能源消费总量的模式大体一致。例如，在美国，人们通常住在相对较大的房子里，需要更多的用电量；在印度尼西亚和印度，约35%的人口缺乏电力供应，而在尼日利亚，这一比例约为50%（世界银行，2013）。同样，人均能源消费量较低的国家往往拥有较低的汽车保有率，如图2-3所示。例如，在美国和澳大利亚，每千人分别拥有700~800辆车；而在中国、希腊、印度、印度尼西亚和尼日利亚，每千人分别拥有100辆车（或者更少）。

环境问题的规模也主要取决于一个国家的燃料结构，并且存在很大差异，如图2-4所示。例如，煤炭超过能源消费总量一半的国家有中国、印度、哈萨克斯坦、波兰和南非；煤炭占能源消费总量的5%或更少的国家

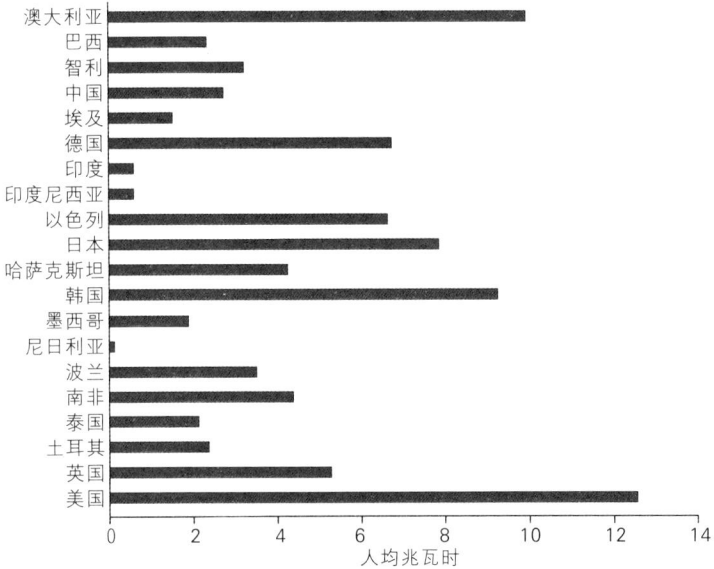

图 2-2　2010 年各国人均电力消耗

注：电力消耗包括住宅和工业用途。

资料来源：US EIA（2013）。

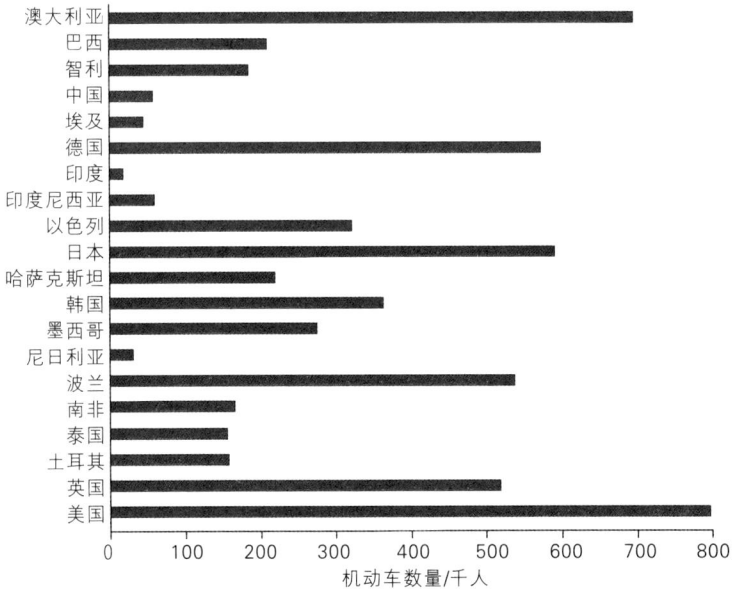

图 2-3　2010 年各国机动车的保有率（或者可用的最新数据）

注：机动车包括汽车、卡车和公共汽车。两轮机动车（在许多亚洲国家普遍使用）不包含在内。

资料来源：World Bank（2013）。

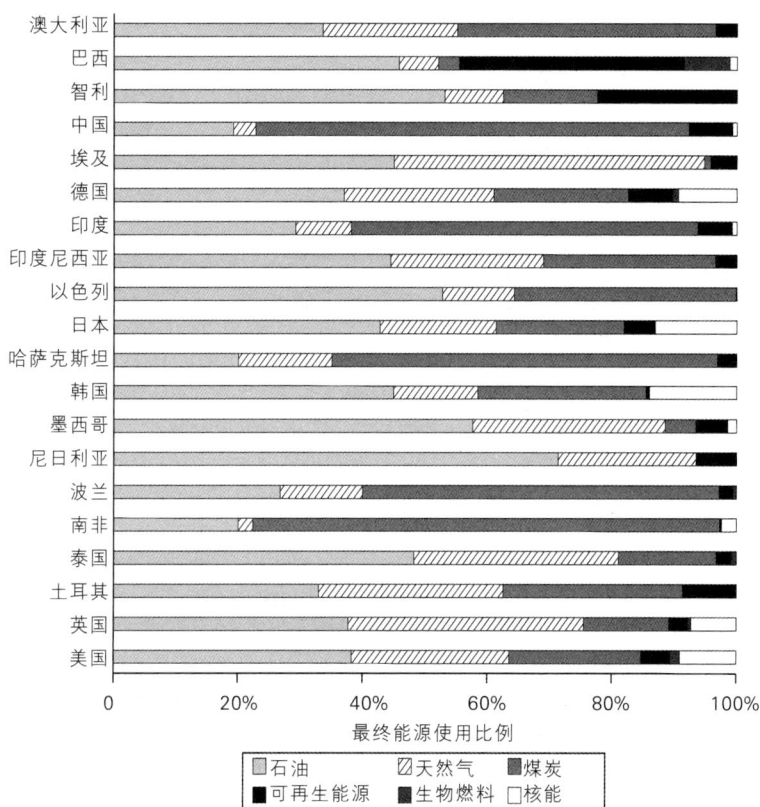

图 2-4 2010年各国燃料类型的最终能源使用份额（或者可用的最新数据）

注：该图显示了主要能源（直接的燃料消耗）和二次能源（主要是发电）的份额。燃料可以用能源的当量表示。

资料来源：US EIA（2013）。

有巴西、埃及、墨西哥和尼日利亚。石油则在中国占能源消费的19%到尼日利亚占能源消费的71%之间变化。天然气则在南非占能源消费的2%到希腊占能源消费的50%之间变化。国家使用一些可再生能源（如风能、太阳能、水能等），但它们的增长面临着挑战。例如，风能和太阳能不能持续供应，以及它们理想的地点并不是城市中心等。

人均能源消费和能源结构的差异，尤其是在使用混合燃料的情况下，解释了与人均能源相关的二氧化碳排放的差异，如图2-5所示。例如，澳大利亚和美国的年人均二氧化碳排放量近20吨，因为它们都使用了许多能源，并且拥有排放量相对高的混合燃料。

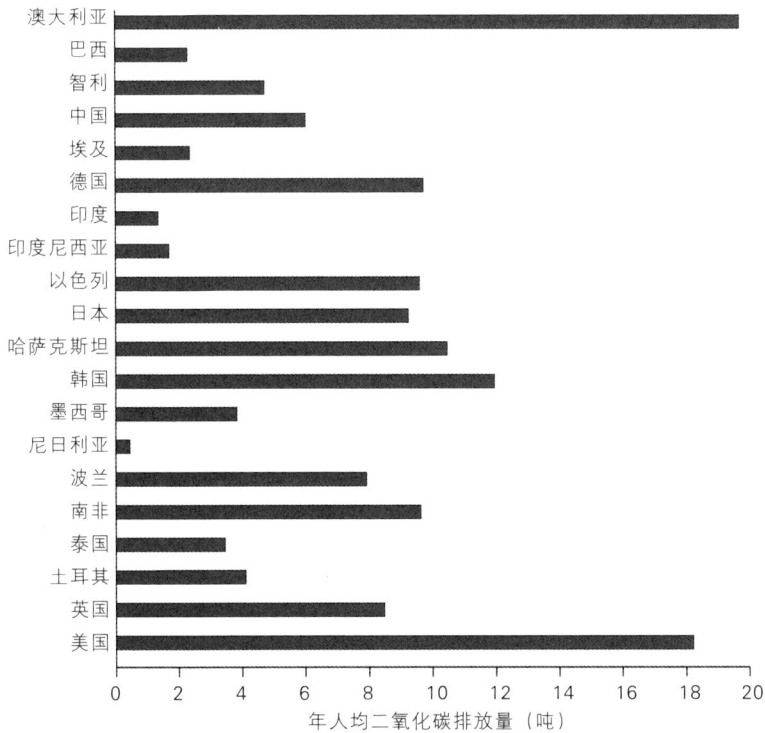

图2-5　2010年各国的年人均二氧化碳排放量

资料来源：US EIA（2013）。

环境问题的严重性也取决于人口密度（人口密度越大表明此区域排放的二氧化碳越多，并且道路系统更加拥挤），这也因国家的不同而不同。例如，居住在城市地区的人口比例，从澳大利亚、智利、以色列、日本的约90％到印度和泰国的不到40％，如图2-6所示。

国家	
澳大利亚	
巴西	
智利	
中国	
埃及	
德国	
印度	
印度尼西亚	
以色列	
日本	
哈萨克斯坦	
韩国	
墨西哥	
尼日利亚	
波兰	
南非	
泰国	
土耳其	
英国	
美国	

0   10%   20%   30%   40%   50%   60%   70%   80%   90%   100%

居住在城市地区的人口比例

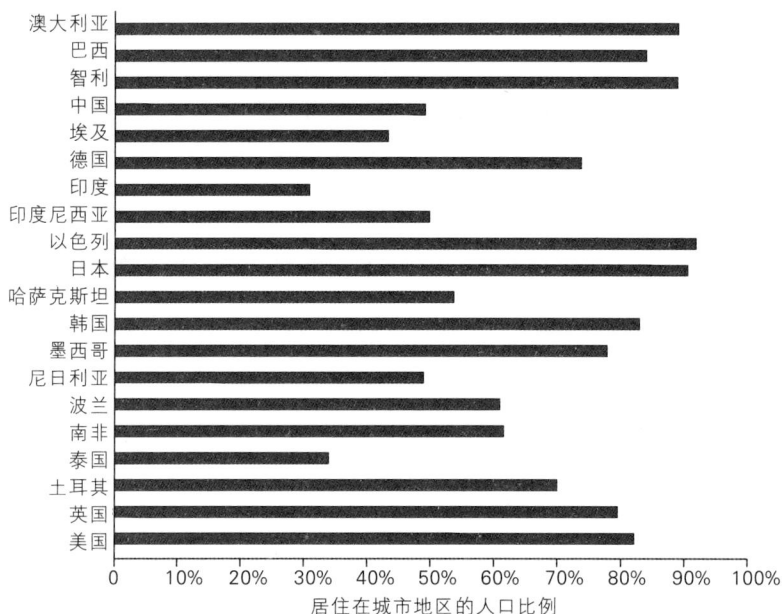

图 2-6　2010 年各国的城市人口

注：城市人口是指国家统计局定义的生活在城市地区的人口比例。

资料来源：World Bank（2013）。

2.2　对环境的副作用

化石燃料的使用对环境的副作用，与"外部性"紧密相关。当个人或企业的行为（如燃料燃烧）将成本强加于他人时，就产生了不利的外部性。外部性要求政策干预，主要是针对环境危害的来源，设定其对环境的损害水平，并收取费用（见第 3 章）。

本书关注的外部性主要是二氧化碳排放、空气污染、车辆使用等更宽泛的成本。环境问题将在专栏 2-1 中进一步探讨。

专栏 2-1   超出研究范围的广义的环境影响

与化石燃料生产和使用相关联的各种成本在本研究中都没有考虑在内，主要原因如下（NRC，2009）：

● 个人和企业应该考虑这些成本。

- 这些成本不算高。
- 这些成本很难量化。
- 这些成本需要的是政策，而不是燃油税等。

参见以下实例：

额外的污染物。一氧化碳——燃料燃烧的副产物，会降低血液中的氧气含量，从而引起罹患心脏疾病的危险，但当其释放到户外时，其浓度通常不足以引起显著的健康影响。铅排放会引起神经系统的疾病，尤其是儿童，可能会对其终身生产力有潜在的重大影响（Grosse 等，2002；Zax 和 Rees，2002）。然而，铅已经或正在被许多国家的石油产品淘汰。本书着重考虑危害人体健康的污染物的影响，但各种其他毒素（如苯）的释放量，通常不足以对人们的健康造成威胁。

上游环境影响。在燃料提取和生产过程中产生的环境影响包括：

- 对自然环境的掠夺（如开山采煤、油井事故）。
- 燃料加工过程中产生的垃圾（如清洗原煤产生的泥浆）。
- 燃料储存中的废气泄漏（如炼油厂、加油站的地下油罐的腐蚀或蒸发）。
- 运输过程中继续泄露（如油轮泄漏）。

然而，每单位燃料的使用与以上影响引起的损失，似乎与本研究中预估的损失（Jaramilo、Griffin 和 Matthews，2007；NRC，2009）关系不大。解决以上问题需要进行政策干预（如对油罐有双重要求、缴纳事故强制性赔偿保险、要求矿区恢复到最初的生态环境状态），而不是用燃油税来解决。

职业风险。化石燃料开采行业的职业风险包括因长期沉浸于矿尘而患肺癌、煤矿坍塌和油井爆炸等。然而，人们在选择工作时，会将这些危险因素考虑在内（一部著名的经济学论著曾说过，高危行业可以用高收入补偿工人。Rosen，1986）。在一定程度上，政策干预是必要的（或许是因为个人低估了风险）。政府应采取针对性的措施，如工作场所的健康和安全法规等，将比征收燃料费用更加有效。

室内空气污染。室内空气污染每年导致全世界约 380 万人死亡（Burnett 等，2013）。例如，低收入国家在通风不好的炉灶或明火中燃烧煤炭会造成严重的与污染相关的健康问题（Ezzati，2005）。在清洁能源（如清洁煤、天然气、电力，或燃煤过程更加清洁）和更好的技术（如更好的通风灶）可行之后，提高煤炭消费的价格将会成为解决室内空气污染的最佳政策。

能源保护。尽管能源安全问题促使政策减少国内对石油和其他燃料的消耗，但对燃油税的合理水平进行量化是很有挑战性的。一些研究（如 Brown 和 Huntington，2010）认为，从宏观经济到油价波动所产生的成本变动（不考虑私人部门），至少在美国不是特别大。一般而言，对政治不稳定地区的石油供应的依赖可能会改变一个国家的外交政策，其目标并不是全球的利益，而是获得石油市场（美国外交关系委员会，2006）。页岩油等非传统石油的快速发展，可能正在缓解这些担忧。

2.2.1 CO_2 排放

到目前为止，化石燃料燃烧排放的二氧化碳是温室气体（GHG）排放的最主要来源。本节对排放趋势和人类活动引起的全球变暖的科学依据做了简要的小结。深层次的讨论请参见政府间气候变化专门委员会（IPCC）的系列报道，即 IPCC 科学评估（2013 年）。

与全球能源相关的二氧化碳排放已经从 1990 年的约 20 亿吨，增长到 2013 年的约 300 亿吨，并且在没有减排措施的情况下，预计到 2035 年将增加至近 450 亿吨，如图 2-7 所示。2005 年左右非经合组织国家的排放量超过了经合组织国家的排放量，预计到 2035 年将占全球总量的 2/3。

释放的二氧化碳约有 50% 积聚在全球大气中，并将保持 100 年左右。空气中的二氧化碳浓度已经从工业化前的 280 ppm 左右增加至目前的 400 ppm 左右。在没有实质性的减排措施下，预计到 21 世纪中叶温室气体浓度将达到 550 ppm 左右（以二氧化碳当量计算），并在以后继续上升（Aldy 等，2010；Bosetti 等，2012）。

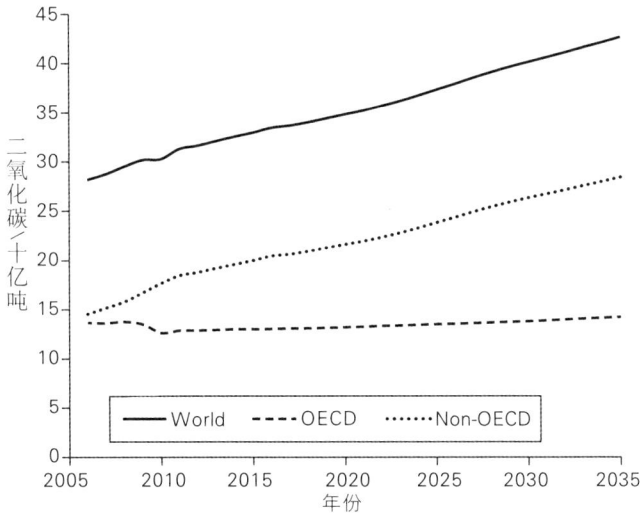

图 2-7　预计全球与能源有关的二氧化碳排放量

注：OECD＝经济合作与发展组织。

资料来源：US EIA（2011）。

　　IPCC（2013）估计，全球平均气温自 1880 年以来上升了 0.85℃，并且 95％ 来自化石燃料燃烧和其他人为温室气体的排放（而不是其他因素，如太阳辐射变化和市区热吸收等）。然而，由于气候系统的滞后性（在海洋中逐渐散热的过程），即便浓度在目前水平稳定下来，预计的温度也将继续升高。正如图 2-8 所显示的，如果温室气体的浓度分别稳定在 450 ppm、550 ppm 或 650 ppm，则最终预计平均气温升高分别为（超过工业化前的水平）2.1℃、2.9℃ 和 3.6℃。[①]另外，预计到 21 世纪末，气温将升高 3℃ ~ 4℃，但实际的气温升高幅度可能更大（或更小）（Bosetti 等，2012；IPCC，2013；Nordhaus，2013）。

---

　　①　从这些变化的角度来看，目前的温度约为 5℃，这高于两万年前冰川时代的高峰时期，那时气候完全不同，北半球的大部分地区被冰覆盖着。

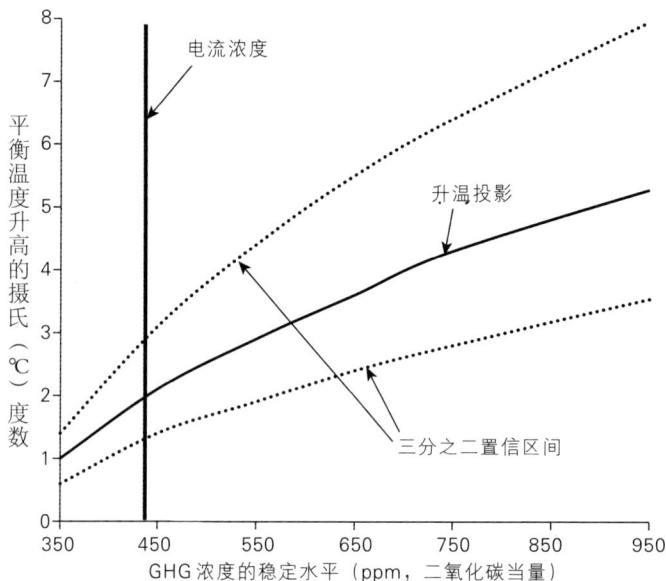

图2-8   预测的长期升温高于工业化前的温度（在不同的温室气体浓度下）

注：GHG＝温室气体；ppm＝百万分之。此图显示了如果温室气体浓度在不同的水平稳
定下来，全球温度的预期增长（气候系统完全调整，至少需要几十年）会超过工业化前的
水平。最近的评估（IPCC，2013）降低了置信区间的底线，是二氧化碳当量的2倍（没有反
映在图中）。

资料来源：IPCC（2007）。

        变暖的气候变化包括改变降雨模式，由海洋的热膨胀和冰川融化
使海平面上升的现象，更激烈或更频繁的极端天气事件，以及诸如骤
暖、冰壳崩塌、由变暖引起海洋食物链的破坏、海洋变为酸性等。所
有这些影响都是相当不确定的，特别是反馈效应（如永冻土层解冻导
致沼气释放，冰川融化导致阳光反射减少）潜力巨大，其可能会加剧
气候变暖。

        亟需为化石燃料的碳含量定价（或者减少二氧化碳排放）制定政策，
这是因为目前家庭和企业通常不会为温室气体排放造成的未来气候损害

埋单。①

2.2.2 区域性空气污染

价格应反映环境损害，从社会角度来看，燃料燃烧导致了过度的区域性空气污染。本节将讨论空气污染的源头及其对环境的损害。

1.空气污染的源头

化石燃料的使用会产生两种主要的污染物：燃料燃烧过程中的排放物和二次污染物。二次污染物是空气中主要污染物发生了化学反应之后产生的。关于污染造成的健康问题——环境污染的主要表现——可能最重要的污染物是细微颗粒物又称为PM2.5（直径达2.5微米的颗粒物），因为这些颗粒物可以渗透到肺部和血液中。煤炭等燃料在燃烧时，直接排出的污染物主要是PM2.5，但也有在空气中通过化学反应间接形成的，在此化学反应中还包含其他主要污染物。

与煤炭相关的最重要的污染物是其直接释放的PM2.5，并且可以在空气中反应生成形成PM2.5的二氧化硫（SO_2）。细微颗粒物也可以通过氮氧化物的排放形成，但通常其排放量较小，因为氮氧化物比二氧化硫的释放率低，并且其反应性较小。煤炭的种类不同，每单位能源的排放率也大不相同，并且在许多国家一些较新的燃煤电厂采用了排放控制技术（这两个因素都应该考虑征收煤炭税）。

天然气比煤炭更加清洁，其产生的二氧化硫和PM2.5的量非常小，但是天然气可以产生大量的氮氧化物。柴油燃料燃烧会排放一些二氧化硫和PM2.5。机动车燃料燃烧不仅产生氮氧化物，而且释放挥发性有机化合物，在阳光照射的条件下，这些有机化合物与氮氧化物反应形成臭氧。臭氧是城市烟雾的主要组成部分，尽管臭氧导致的死亡率比PM2.5小得多，

---

① 其他政策也需要，但在很大程度上超出了本书的范围。其他政策包括减少国际航空和海上活动排放（Keen、Parry和Strand，2013）；土地利用（Mendelsohn、Sedjo和Sohngen，2012）；提高清洁技术发展的措施（见第3章）；适应气候变化（如海岸防御，转向耐寒作物品种）；在极端情况下，开发可能部署的最后手段（如清除大气中的二氧化碳，或通过阳光偏转粒子管理太阳辐射）；为发展中国家提供财政援助（de Mooij 和 Keen，2012）

但是臭氧对健康还是有危害的（这里不考虑臭氧本身的损害）。[①]

　　2.环境的损害

　　空气污染潜在的损害很大，治理费用约占美国GDP的1%和中国GDP的4%（NRC，2009；Muller和Mendelsohn，2012；世界银行和中国国家环境保护部，2007）。这些危害影响包括视力损害、非致命性的心脏和呼吸系统疾病，以及污染物与水反应形成酸雨，从而使得建筑腐蚀、农业减产。然而，一些研究表明，迄今为止，主要的危害成分（本书研究所关注的成分）使人类过早死亡的风险提高了。[②]

　　流行病学文献已牢固确立了人们对罹患肺癌、慢性阻塞性肺病、心脏疾病（供血减少引起的）和中风等疾病风险的增加与长期暴露于PM2.5有关（Burnett等，2013；健康影响研究所，2013；Humbert等，2011；Krewski等，2009）。老年人、婴幼儿，以及之前已经存在健康问题的人（如那些已经中风或者已经有心血管疾病的人）最容易感染（Rowlatt等，1998）。

　　图2-9显示了2010年各国环境中PM2.5的浓度（按人口比例加权计算后，每个国家区域污染浓度的平均值）。许多国家（如德国、印度尼西亚、哈萨克斯坦、墨西哥、波兰、英国和美国）PM2.5的平均浓度为10微克/立方米~20微克/立方米。一些国家（如澳大利亚、巴西和南非，这些国家地处沿海位置，有助于驱散污染）PM2.5的平均浓度小于10微克/立方米。还有一些国家（如埃及、印度和韩国）PM2.5的浓度非常大，达到30微克/立方米~40微克/立方米。值得注意的是，中国PM2.5的浓度超过了70微克/立方米。

---

　　① 这种地面臭氧不同于平流层臭氧，它可以防癌、抗紫外线辐射。平流层臭氧耗竭是由人造化学物质引起的，但这种化学物质现在已基本淘汰（Hammett，2011）。

　　② 例如，对中国、欧洲和美国的研究表明，对死亡率的影响通常占当地空气污染损害的85%或者更多（US EPA，2011；欧洲委员会，1999；NRC，2009；世界银行和中国国家环境保护部，2007；Watkiss、Pye和Holland，2005）。

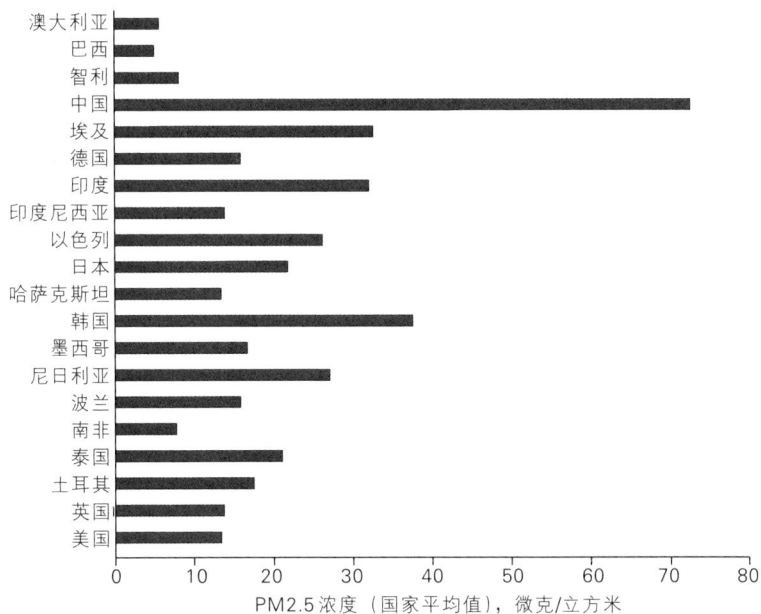

图 2-9　2010 年各国的空气污染浓度

注：PM2.5=细微颗粒物。这些数据是一个国家的区域污染浓度平均值（按人口比例加权计算），区域观测基于卫星数据。特定城市中心的浓度可能远高于全国平均水平。

资料来源：Brauer 等（2012）。

图 2-10 显示了 2010 年因区域性室外空气污染而导致的死亡人数。全球范围内，死亡人数为 320 万人，主要集中在东亚（约 130 万人）和南亚（约 80 万人）。

在污染最严重的国家，燃油税不一定是最高的。然而，由于额外污染所带来的额外健康风险并不一定依赖于现有的污染浓度（见第 3 章）。例如，适当的税收取决于人口的规模和构成，以及如何评估健康风险（这可能取决于收入水平的变化）。然而，环境税的制定水平可能对高污染国家的环境影响相对较大，高污染国家在降低污染方面具有较大的空间。

2.2.3　与机动车燃料相关的更广泛的外部性

应进一步将机动车燃料使用的副作用纳入税收设计中，其中最重要的是交通拥堵和交通事故（道路损坏在燃油税的制定中起着较小的作用）。

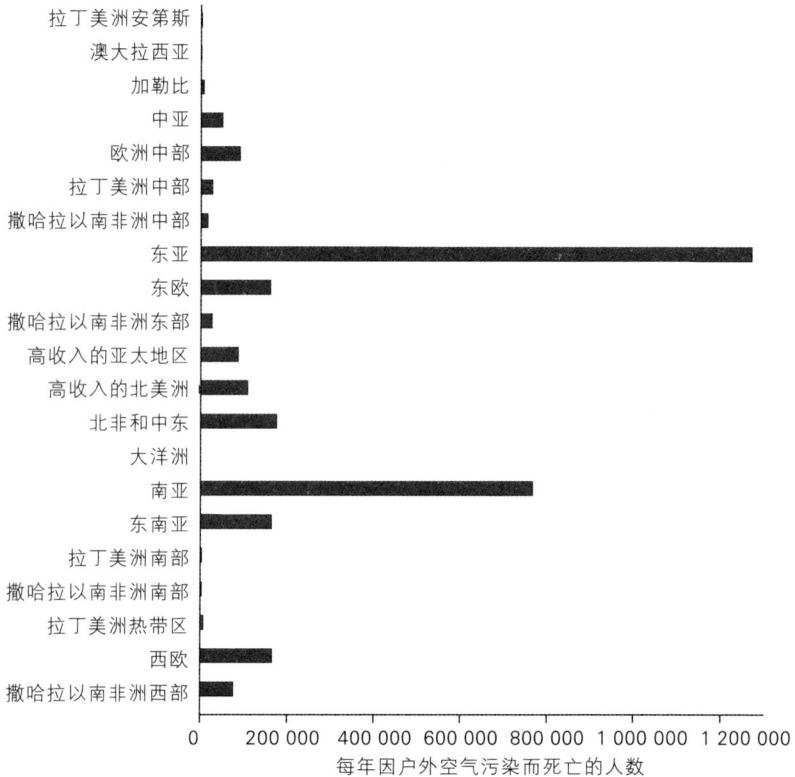

图2-10　2010年区域性空气污染的死亡量

注：该图显示了室外环境空气污染造成的死亡人数，并排除了室内空气污染造成的死亡人数
（见专栏2-1）。在写作的时候，国家的数据是不可用的。

资料来源：Burnett等（2013）。

1.交通拥堵

速度低于自然流动水平的路面交通通常是过量的：除非车辆使用者缴纳道路使用费，否则他们将不会考虑自己对增加道路拥堵和减慢其他道路使用者速度的影响（Arnott、Rave和Schob，2005；Lindsey，2006；Litman，2013；Santos，2004）。投资扩建道路、增强运输能力，或者改善交通信号的协调能力等措施可以缓解交通拥堵，而这些措施同时也降低了拥堵费（如通过错峰等方式可以解决的）。

城市和农村地区的交通拥堵存在明显的差异。例如，据估计在伦敦上班高峰期，车辆使用者由交通拥堵缴纳的费用相当于美国每升汽油燃烧 10 美元的成本（Parry 和 Small，2009）。在繁忙时段对车辆行驶里程收税，并且随着当时交通水平调整税率，这是解决拥堵的最好方式（见第 3 章）。然而，在全面的收费系统（如使用全球定位系统）开始实施之前，车辆使用者给他人带来的拥堵成本应适当地体现在燃油税中（Parry 和 Small，2005）。

即使拥堵所延误的价值相同，燃料费在不同国家也可能有所不同。图 2-11 显示了在全国道路通行能力范围内，每公里注册车辆（汽车、卡车和公共汽车）的容量。从某种意义上讲，此图粗略地反映了各国道路容量的变化，如德国、日本、墨西哥、波兰和英国每公里注册车辆的容量远远高于美国。这意味着，这些国家的大部分人是在交通拥堵的情况下出行的。

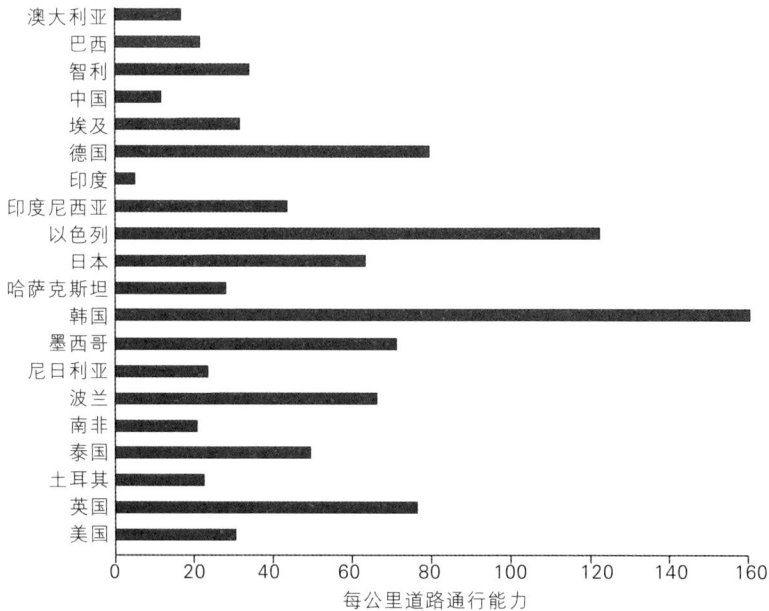

图 2-11　2007 年各国机动车和道路通行能力

注：道路通行能力包括铺设和未铺设的道路。机动车包括汽车、卡车和公共汽车，但不包含两轮机动车。

资料来源：IRF（2009）。

2.交通事故

使用机动车的另一个负面影响是交通事故。车辆使用者会将诸如自己受伤的风险考虑在事故成本中，而不会考虑其他费用（如行人受伤的风险、财产损失，以及由第三方承担的医疗费用）。从社会角度来看，这属于过度的驾驶行为。同样，如酒驾惩罚、使用安全气囊和安全带的规定、交通隔离带等措施，可以降低交通事故的风险，而这些措施降低了事故发生的费用（如通过降低死亡率）。

图2-12显示了2010年道路交通导致的死亡数量，这说明了有关人员对问题有了一定认识。例如，在印度，约134 000人死于交通事故；在中国，约65 000人死于交通事故；在南非（人口约为中国的4%），交通事故的死亡数量约为14 000人。

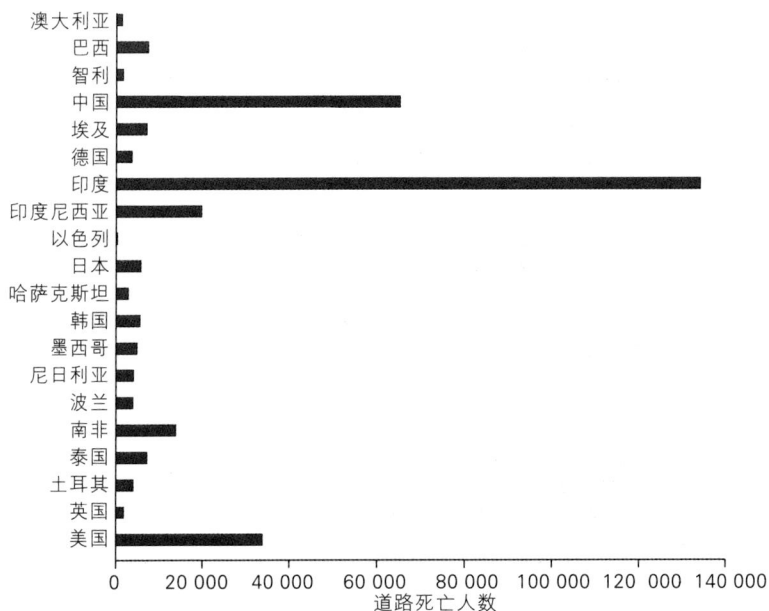

图2-12 2010年各国道路交通的死亡数量

注：这些数据是2010年可用的最新数据。可能是由于漏报，发展中国家的道路死亡数量显得较为保守（见第5章）。世界卫生组织（2013）认为，印度和中国的交通死亡数量要多得多，全球总死亡人数约为120万人。

资料来源：IRF（2012）。

2.3　影响能源和交通运输的现行财税政策

由于数据质量的原因，这部分财税政策的讨论主要集中在经合组织国家。[①]
在这些国家，与环境有关的税收收入（如图2-13所示）在2010年平均约占税
收总额的6%，在土耳其的15%至美国的3%之间变化。墨西哥约为−1.5%，这
是因为在2010年墨西哥有明显的石油补贴政策（2013年价格自由化之前）。

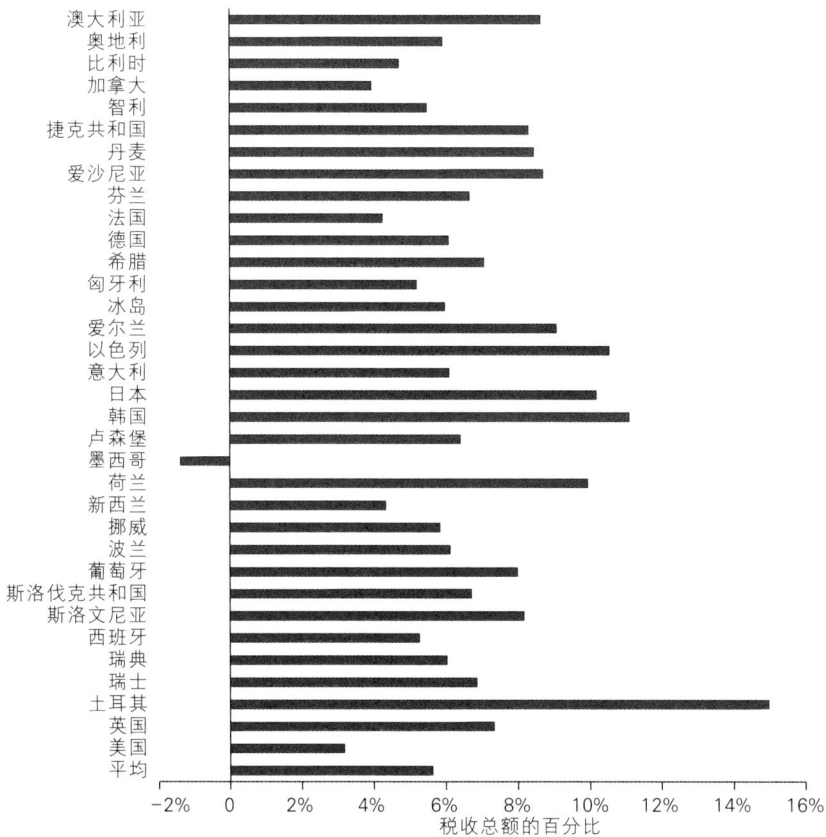

图2-13　2010年在经合组织国家与环境相关的税收收入占税收总额的百分比
资料来源：OECD（2013）。

[①]　对所有国家的燃料产品征税和补贴的估计在附件6-2中提供。

　　这些收入主要反映了三种消费税：燃油、车辆所有权、居民用电消耗。尽管燃油税促使燃料使用减少（燃料效率越高，开车越少），但是本书分析的主要问题是税收水平是否可以合理地反映环境损害。每个国家的税收不可能都反映环境损害，因此各国给出的税率差距很大，如图2-14所示。2010年，在芬兰、法国、德国、爱尔兰、挪威、土耳其和英国等国家汽油税大于0.80美元/升，在美国汽油税为0.11美元/升，在墨西哥汽油税则是0.13美元/升。尽管卡车（柴油的主要消费者）带来的污染和拥堵并不显著低于汽车的水平，但是在许多国家，柴油比汽油有更多的税收优惠。

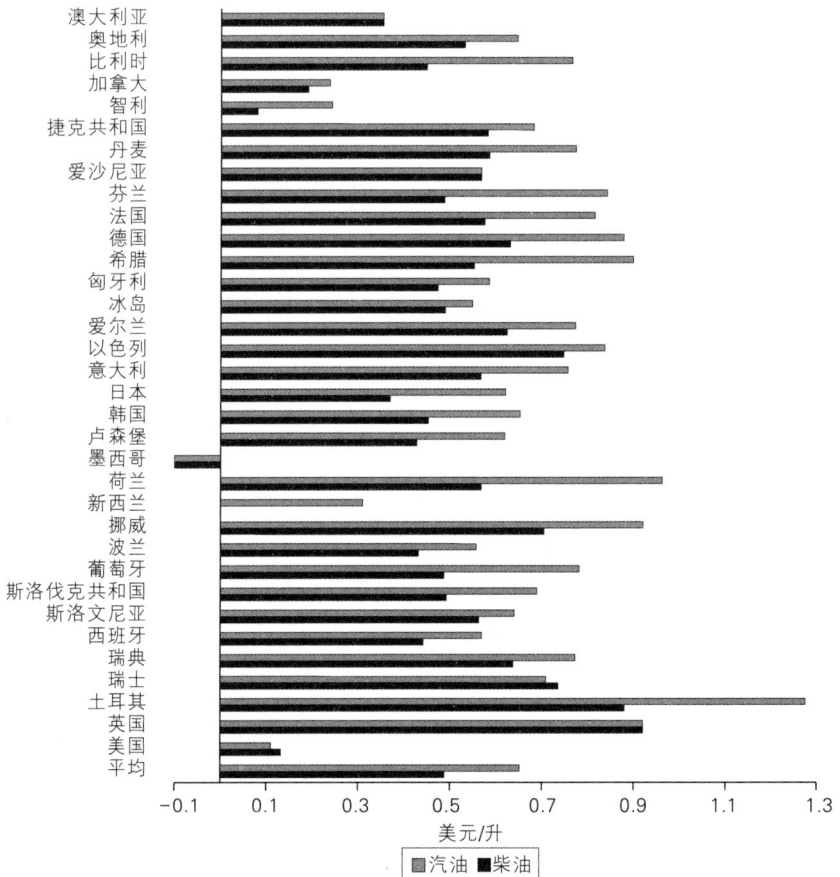

图2-14　2010年在经合组织国家汽车燃料的消费税税率（或者可用的最新数据）

资料来源：OECD（2013）。

正如图 2-13 所示，其他税收也没有从环境角度出发（见第 3 章）。车辆税不鼓励车主少开车，尽管车辆税总会随着排放类别的不同而变化，但是不会有效地提高燃料效率。虽然碳定价是蓄势待发（Ecofys，2013），但是 2013 年全球约 80% 的二氧化碳排放量未被明确纳入碳定价计划中，并且二氧化碳的价格（目前在欧盟排放交易体系中，每吨二氧化碳目前相当于 7 美元）通常只反映了环境损害的一小部分（见第 5 章）。

此外，很多国家大量补贴能源使用，而不是使用税收调节能源使用。对化石能源的使用补贴，是以全球燃料价格和国内市场价格之间的差距来衡量的，2011 年全球的补贴规模为 4 900 亿美元，中东和北非国家就占了全球补贴的 48%，如图 2-15 所示。值得注意的是，这些补贴的 44% 为石油产品，23% 为天然气，31% 为电力消费，仅有 1% 为煤炭（污染最严重的燃料）。因此，在不引入煤炭税的情况下取消补贴将对碳排放产生有限的影响。[①]

尽管如此，我们要充分地理顺能源价格，能源价格需要取消化石燃料补贴，并且将更广泛的税收负担转移到化石燃料产品上来。高能源税的国家也可以在一定范围内调整能源税（如通过将税收转移到电力和煤炭上），提高能源的使用效率，并且更好地通过调整税率减少对环境的破坏。如何衡量适当的税收水平是本书的主要贡献。

---

① 可再生能源补贴 2010 年为 660 亿美元（IEA，2011）。

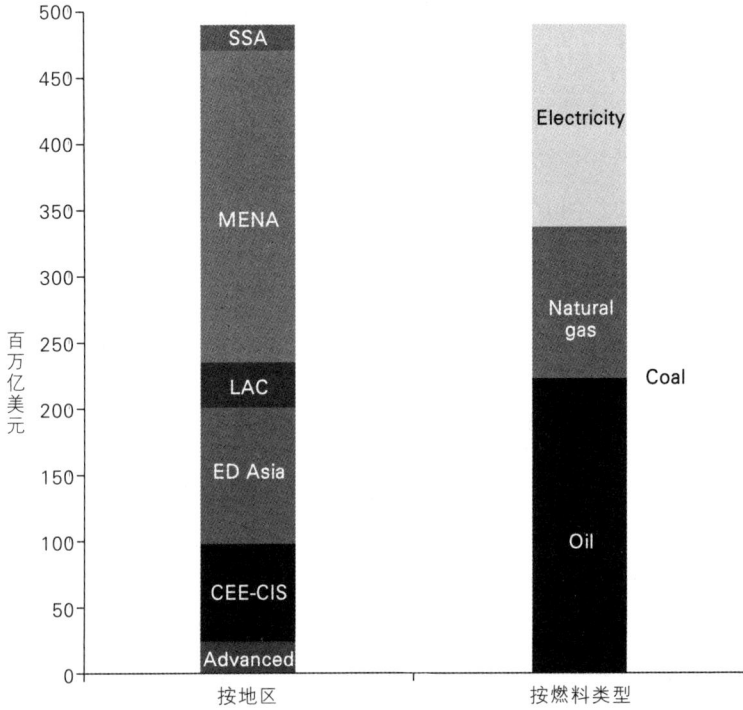

图 2-15 2011 年按地区和燃料类型对化石燃料能源的补贴

注：CEE-CIS=中欧、东欧和独立国家联合体；ED Asia=新兴和发展中的亚洲；LAC=拉丁美洲和加勒比地区；MENA=中东和北非；SSA =撒哈拉以南非洲。

资料来源：Clements 等（2013）。

参考文献

Aldy, Joseph, Alan J. Krupnick, Richard G. Newell, Ian W.H. Parry, and William A. Pizer (2010) 'Designing Climate Mitigation Policy', Journal of Economic Literature, 48:34-903.

Arnott, Richard A., Tilmann Rave, and Ronnie Schöb (2005) Alleviating Urban Traffic Congestion. Cambridge, Massachusetts: MIT Press.

Bosetti, Valentina, Sergey Paltsev, John Reilly, and Carlo Carraro (2012) 'Emissions Pricing toStabilize Global Climate', in Fiscal Policy to Mitigate Climate Change: A Guide for Policymakers, edited by I.W.H. Parry, R. de Mooij, and M. Keen. Washington: International Monetary Fund.

Brauer, Michael, Markus Amann, Rick T. Burnett, Aaron Cohen, Frank Dentener, Majid Ezzati, Sarah B. Henderson, Michal Krzyzanowski, Randall V. Martin, Rita Van Dingenen, Aaronvan Donkelaar, and George D. Thurston (2012) 'Exposure Assessment for Estimation of theGlobal Burden of Disease Attributable to Outdoor Air Pollution', Environmental Science &Technology, 46:60-652.

Brown, Stephen P.A., and Hillard G. Huntington (2010) 'Estimating US Oil Security Premiums', Discussion Paper 10-05. Washington: Resources for the Future.

Burnett, Richard T., C. Arden Pope, Majid Ezzati, Casey Olives, Stephen S. Lim, Sumi Mehta, Hwashin H. Shin, and others (2013) 'An Integrated Risk Function for Estimating the Global Burden of Disease Attributable to Ambient Fine Particulate Matter Exposure'. Unpublished; Ottawa, Ontario, Canada: Health Canada.

Clements, Benedict, David Coady, Stefania Fabrizio, Sanjeev Gupta, Trevor Alleyene, and Carlo Sdralevich, eds. (2013) Energy Subsidy Reform: Lessons and Implications. Washington: International Monetary Fund.

Council on Foreign Relations (2006) National Security Consequences of US Oil Dependency. Washington: Council on Foreign Relations.

de Mooij, Ruud, and Michael Keen (2012) 'Fiscal Instruments for Climate Finance', in Fiscal Policy to Mitigate Climate Change: A Guide for Policymakers, edited by I. W.H. Parry, R. de Mooij, and M. Keen. Washington: International Monetary Fund.

Ecofys (2013) Mapping Carbon Pricing Initiatives: Developments and Prospects. Report produced for the World Bank. London: Ecofys.

European Commission (1999) ExternE Externalities of Energy, Vol. 7—Methodology Update, Report produced for the European Commission, DG XII. Brussels: Office of Publications for the European Communities.

Ezzati, Majid (2005) 'Indoor Air Pollution and Health in Developing Countries', Lancet, 366:104-106.

Grosse, Scott D., Thomas D. Matte, Joel Schwartz, and Richard J. Jackson (2002) 'Economic Gains Resulting from the Reduction in Children's Exposure to Lead in the United States', Environmental Health Perspectives, 110:69-563.

Hammitt, James K. (2010) 'The Successful International Response to Stratospheric Ozone Depletion', in Issues of the Day: 100 Commentaries on Climate, Energy, the Environment, Transportation, and Public Health Policy, edited by Ian W.H.

Parry and Felicia Day. Washington: Resources for the Future.

Health Effects Institute (2013) 'Understanding the Health Effects of Ambient Ultrafine Particles', HEI Review Panel on Ultrafine Particles. Boston: Health Effects Institute.

Intergovernmental Panel on Climate Change (2007) Climate Change 2007: The Physical Science Basis, Contribution of Working Group I to the Fourth Assessment Report of the Intergovernmental Panel on Climate Change. Cambridge, U.K.: Cambridge University Press.

——(2013) Climate Change 2013: The Physical Science Basis, Contribution of Working Group I to the Fifth Assessment Report of the Intergovernmental Panel on Climate Change. Cambridge, U.K.: Cambridge University Press.

International Energy Agency (2011) World Energy Outlook 2011. Paris: International Energy Agency.

International Road Federation (2009) World Road Statistics 2009. Geneva: International Road Federation.

——(2012) World Road Statistics 2012. Geneva: International Road Federation.

Jaramillo, P., W.N. Griffin, and H.S. Matthews (2007) 'Comparative Life Cycle Air Emissions of Coal, Domestic Natural Gas, LNG, and SNG for Electricity Generation', Environmental Science and Technology, 41(6): 96-290.

Keen, Michael, Ian W.H. Parry and Jon Strand (2013) 'Ships, Planes, and Taxes', Economic Policy, 28: 49-701.

Krewski, Daniel, Michael Jerrett, Richard T. Burnett, Renjun Ma, Edward Hughes, Yuanli Shi, Michelle C. Turner, C. Arden Pope III, George Thurston, Eugenia E. Calle, and Michael J. Thun (2009) 'Extended Follow-Up and Spatial Analysis of the American Cancer Society Study Linking Particulate Air Pollution and Mortality', Research Report 140. Boston, Massachusetts: Health Effects Institute, online at: http://scientificintegrityins titute.net/Krewski052108.pdf.

Lindsey, Robin (2006) 'Do Economists Reach a Conclusion on Road Pricing? The Intellectual History of an Idea', Econ Journal Watch, 3(2): 292-379.

Mendelsohn, Robert, Roger Sedjo, and Brent Sohngen (2010) 'Forest Carbon Sequestration', in Fiscal Policy to Mitigate Climate Change: A Guide for Policymakers, edited by I.W.H. Parry, R. de Mooij, and M. Keen. Washington: International Monetary Fund.

Muller, Nicholas Z., and Robert Mendelsohn (2012) Using Marginal Damages in Environmental Policy: A Study of Air Pollution in the United States. Washington: American Enterprise Institute.

National Research Council (2009) Hidden Costs of Energy: Unpriced Consequences of Energy Production and Use. Washington: National Research Council, National Academies.

Nordhaus, William D. (2013) The Climate Casino: Risks, Uncertainty, and Economics for a Warming World. New Haven, Connecticut: Yale University Press.

Organization for Economic Cooperation and Development (2013) Environmentally Related Taxes, Fees and Charges Database .Paris: Organization for Economic Cooperation and Development, online at: http://www2.oecd.org/ecoinst/queries/index. htm.

Parry, Ian W.H., and Kenneth A. Small (2005) 'Does Britain or the United States Have the Right Gasoline Tax', American Economic Review, 95(4): 89-1276.

——(2009) 'Should Urban Transit Subsidies Be Reduced', American Economic Review, 99: 24-700.

Rosen, Sherwin (1986) 'The Theory of Equalizing Differences', in Handbook of Labor EconomicsVol. 1, edited by O. Ashenfelter and R. Layard, pp. 92-641.New York, New York: Elsevier.

Rowlatt, Penelope, Michael Spackman, Sion Jones, Michael Jones-Lee, and Graham Loomes (1998) Valuation of Deaths from Air Pollution .London: National Economic Research Associates.

Santos, Georgina (2004) Road Pricing: Theory and Evidence, Research in Transportation Economics Vol. 9 .Amsterdam: Elsevier.

United States Energy Information Administration (2011) International Energy Outlook 2011 .Washington: Energy Information Administration, US Department of Energy, online at: http//: www.eia.gov/forecasts/ieo/index.cfm.

——(2013) International Energy Statistics.Washington: Energy Information Administration, US Department of Energy, online at: http//: www.eia.gov/cfapps/ ipdbproject/ iedindex3.cfm.

United States Environmental Protection Agency (2011) The Benefits and Costs of the Clean Air Act from 1990 to 2020, Report to Congress.Washington: US Environmental Protection Agency.

Watkiss, Paul, Steve Pye, and Mike Holland (2005) CAFE (Clean Air for Europe) CBA: Baseline Analysis 2000 to 2020. Report to the European Commission .Brussels: Directorate-General for the Environment.

World Bank (2013) World Development Indicators Database .Washington: World Bank, online at: http://data.worldbank.org/indicator.

World Bank and State Environmental Protection Agency of China (2007) Cost of Pollution in China: Economic Estimates of Physical Damages . Washington: World Bank.

World Health Organization (2013) Global Health Observatory Data Repository.Geneva: World Health Organization, online at: http://apps. who. int/gho/data/node. Main. A997?lang=en.

Zax, Jeffrey S., and Daniel I. Rees (2002) 'IQ, Academic Performance, Environment, and Earnings', Review of Economics and Statistics, 84: 16-100.

第3章

"正确设定能源价格"财税政策的基本原则和设计

　　本章的第一部分讨论了环境税或等效的排放交易系统（ETS）为什么是正确设定能源价格的前提，并贯穿于整个过程中，诸如以正确的数据为基础、利用财政拨款、针对环境破坏建立稳定的价格等细节设计都是很重要的。第二部分论述了进一步的各种设计问题，包括发电和运输燃料的细节、其他工具的作用、克服价格改革带来的挑战，以及低收入国家的问题。

　　在实际的政治实践中，逐步实现的政策可能会与本书论述的各种理想经济状态的设计原则相偏离。然而，拥有明确、合理的政策设计有助于厘清政策争议，提供政策前进的方向，并为更好地评估其他交易政策提供坚实的基础。经讨论，如果监管方法可以替代财政方法，那么这样的设计原则可以持续使用。[①]

　　其他配套政策是必要的——对交通运输和能源分配系统的投资，能源开采、生产（包括页岩气和核能）的安全法规和道路的使用等——但这在很大程度上超出了本书的讨论范围，本书主要讨论的是关于对环境损害的定价。

---

　　① 这些广泛、适当的政策设计可以依赖于燃料定价政策。例如,征收的煤炭税可能会增加对风力和太阳能发电厂的需求。

3.1 环保政策工具的选项

使用财政工具解决由能源产生的环境副作用，有三个原因：

- 这些工具在环境方面有效——只要它们设定正确的目标（如排放）。
- 这些工具以最低的经济成本实现环境目标——只要获得财政红利（如收入替代了其他繁重的税收）。
- 这些工具在环境和经济之间取得适当的平衡——只要它们反映环境损害。

这些标准很重要，因为它们不仅涉及自身发展，还涉及可信性和可持续性。接下来的二个小节将讨论在更广泛财政背景下的环境税、税收和交易系统。①

3.1.1 选择环境政策的有效性

这里存在两个基本点：

第一，如果环境税或类似的定价工具在正确的数据基础上应用（"如果"是关键词），那么它们将利用所有的机会减少特殊环境损害。

第二，相比之下，自我监管政策往往效率较低，因为自我监管政策关注于更窄的范围——尽管会在定价工具和多种规定组合之间进行较为公平的比较。

与能源相关的二氧化碳排放将会说明这些观点。对细节进行讨论得出选择正确工具的重要性，但在实践中却常常使用相对低效的工具。专栏3-1说明了在其他政策环境下目标明确的有效财政工具的相似点。

1.减少能源引起的二氧化碳排放的机会

缓解与能源相关的二氧化碳排放的方法可分为以下几类：

- 增加可再生能源燃料的使用——将发电燃料从化石燃料向诸如风能、太阳能和水力等无碳可再生燃料转化。
- 降低发电排放强度的其他方式——包括从高碳的煤炭转化为中碳的

---

① 以下将看到对一些问题的进一步探讨，如 Goulder 和 Parry（2008）、Hepburn（2006）、国际货币基金组织（2008）、Krupnick 等（2010）、经济合作与发展组织（2010），以及 Prust 和 Simard（2004）。

天然气，从高碳、中碳燃料转化为无碳核能。只要在未来是可行的，也可以通过碳捕捉和碳封存技术降低排放密度。

• 减少用电需求——通过采用节能技术，如节能照明、节能空调、节能电器等，减少耗电产品的使用。

• 减少运输燃料的需求——提高车辆的平均燃料效率（公里/升）（如通过技术提高发动机的效率、降低车辆重量、使用小型车辆或各类电动汽车），或者限制车辆的行驶里程数（如降低车辆保有量和车辆使用强度）。

• 减少燃料的直接使用，主要针对家庭和工业取暖——通过采用节能技术，如保温升级或者减少产品的使用（关掉恒温器）。

专栏 3-1   环境效益的选择工具：举例

二氧化硫的排放。正如第 4 章所讨论的，燃煤电厂产生的二氧化硫是导致过早死亡的重要原因。减少二氧化硫排放的方式有以下几种：

• 在烟囱中安装过滤设备以捕获或者"擦洗"二氧化硫（将二氧化硫转化为污泥和固体垃圾，进行填埋或回收）——一些洗涤技术可以捕获 90% 以上的排放物。

• 使用低硫含量的煤炭。

• 在加工厂清洗煤炭，降低硫含量（以及其他杂质）。

• 让燃煤电厂"退休"，将煤炭转化为清洁燃料（天然气、可再生能源等）。

• 减少用电需求。

对烟囱排放的二氧化硫收费，可以解决所有这些可能性——前四个选项降低了发电厂的税收负担，而通过提高消费者的排放税和减排成本（如提高电价）可以解决最后一个选项。或者所有这些可能性可以通过征收煤炭税解决，这与排放控制技术的使用有关。

相反地，强制使用二氧化硫控制技术只会解决第一个选项。对使用平均每单位超出发电机组排放二氧化硫的发电厂进行限制，是非常有效的，可以得出前三个选项。但是，由于发电厂不承担煤厂的全部社会成本，其仅为最后两个选项提供了微弱的引导。与污染无关的煤炭税只解决了最后两个选项，但没有解决前三个选项。

道路交通拥堵。减少城市道路拥堵的各种可能性（以交通基础设施为前提），包括鼓励人们：

- 搭车。
- 使用可替代的交通方式（如公交、地铁、自行车、步行）。
- 通过远程办公减少出行频率，将几次出行合并，或减少出行。
- 晚些或更早出发，以避开早高峰或晚高峰时段。
- 绕开高峰避免总是在高峰时间出行。

在繁忙路段收取每公里的驾驶费，并且根据高峰时段的拥堵情况改变收取的费用，这种方法会引导人们选择以上方式出行，因为上述出行方式会减轻车辆税的负担。

简单地对每公里行车收费，其作用很小，这种收费不会随一天当中的时段而变化，它不鼓励最后两个选项。而车票补贴可能更加有效得多，因为这种方式可以得出第二个选项（即便如此，它也不鼓励转移到其他非交通工具上）。

2.碳定价的影响

通过煤炭税（或者排放交易系统）为所有排放二氧化碳的化石燃料定价，运用了五个减排选项，因为燃料和用电价格的上涨都会在排放价格上有所反映。

为了说明，假设二氧化碳排放的减少，25%来自可再生能源燃料，25%来自其他措施，20%来自用电需求的减少，15%来自运输燃料的减少，15%来自家庭和工业的直接燃料消耗的减少——伴随着用电需求和运输燃料的减少，能源效率的提高和产品需求的减少。[①]以上有关"减少"

---

① 这些假设是基于对Krupnick等(2010)以及Parry、Oates和Evans(2014)的碳价格分析。考虑到高碳煤的替代品,大多数低成本的减排措施都与发电中的燃料交换有关。在运输过程中,从化石燃料到清洁燃料的选择仍是有限的,高燃料价格和燃料效率的规定已经提高了车辆的燃料效率。一个复杂的问题(这里不考虑)是,未来承诺减少碳排放的可能性,通过降低化石燃料生产的未来收益,短期激励加快燃料生产,从而破坏一些排放效益。关于这种可能性的其他观点参见Sinn(2012)和Cairns(2014)。

的说明性总结见图3-1第一行。在图3-1中，灰色条的长度是不同来源的减排量按比例缩放得到的。

3.与碳定价相关的监管政策的有效性

图3-1的其他各行说明了各种选择性政策的相对有效性；每个灰色条都是按比例表示的，由政策引起的特定来源的减排量与碳定价引起的减排量是相同的。[①]浅灰色条表示减排的来源，深灰色条表示实际增加排放的政策（通过降低能源成本）。其他政策的有效性通常是有限的，因为这些政策未能行使在碳定价下利用的许多减排机会。

例如，可再生能源发电补贴政策比由碳定价实现的减排量少75%，车辆燃料效率标准比由碳定价实现的减排量少93%。事实上，燃料效率规定通过降低每公里燃料成本，导致了部分抵消的排放增加，尽管这个"反弹效应"显得相对温和。[②]

然而，成体系的规定要比单个规定更有效。例如，每千瓦时的二氧化碳标准将会在发电中降低单位发电量的二氧化碳排放（碳排放税下50%的减排量）。如果提高汽车和用电设备的能源效率，一系列的政策可以实现碳排放税政策下大于2/3的减排量，但是却错过了一些减排机会，如鼓励人们少开车。此外，在没有广泛的信用交易（下文将提到）的前提下，监管政策的成本会很高，并且这些政策不会增加收入。

4.以正确的基础为目标

其他"替代"税通常远不如碳定价有效，如图3-1所示。例如，消费税对用电消费的影响是碳定价的80%。同样普遍的是车辆保有税（销售税、注册费和年养路费），但这些税至少在简单的形式上与排放无关，实例显示，其比碳定价实现的减排机会少97%。[③]

---

①　例如，假设电力税和碳排放税都可以减少相同的电力需求，而可再生能源补贴和碳排放税也可以引起相同的减排（通过化石能源发电向可再生能源发电转化）。

②　插图假设"反弹效应"抵消了由燃料效率提高节省的10%的燃料（Small和Van Dender，2006）。

③　这一假设（Fischer、Parry和Harrington，2007）认为，驾驶的减少，1/3是因车辆占有减少带来的油价上升，2/3是因每辆车的行使里程数减少（车辆税只引导出第一个反应）。

政策工具	发电		减少产品使用		交通运输		家庭和工业	相对于碳排放税的减排
	转移到可再生能源	其他排放强度的减少	更高的效率	减少产品使用	更高的燃料效率	减少驾驶	减少燃料需求	
(1) 碳排放税								1.00
(2) 可再生能源补贴								0.25
(3) 建筑物、电器等的效率标准								0.09
(4) CO$_2$每千瓦时的标准								0.50
(5) 车辆燃料效率标准								0.07
(6) 组合 (3)、(4)、(5)								0.66
(7) 电力税								0.20
(8) 机动车燃油税								0.15
(9) 简单车辆保有税								0.03

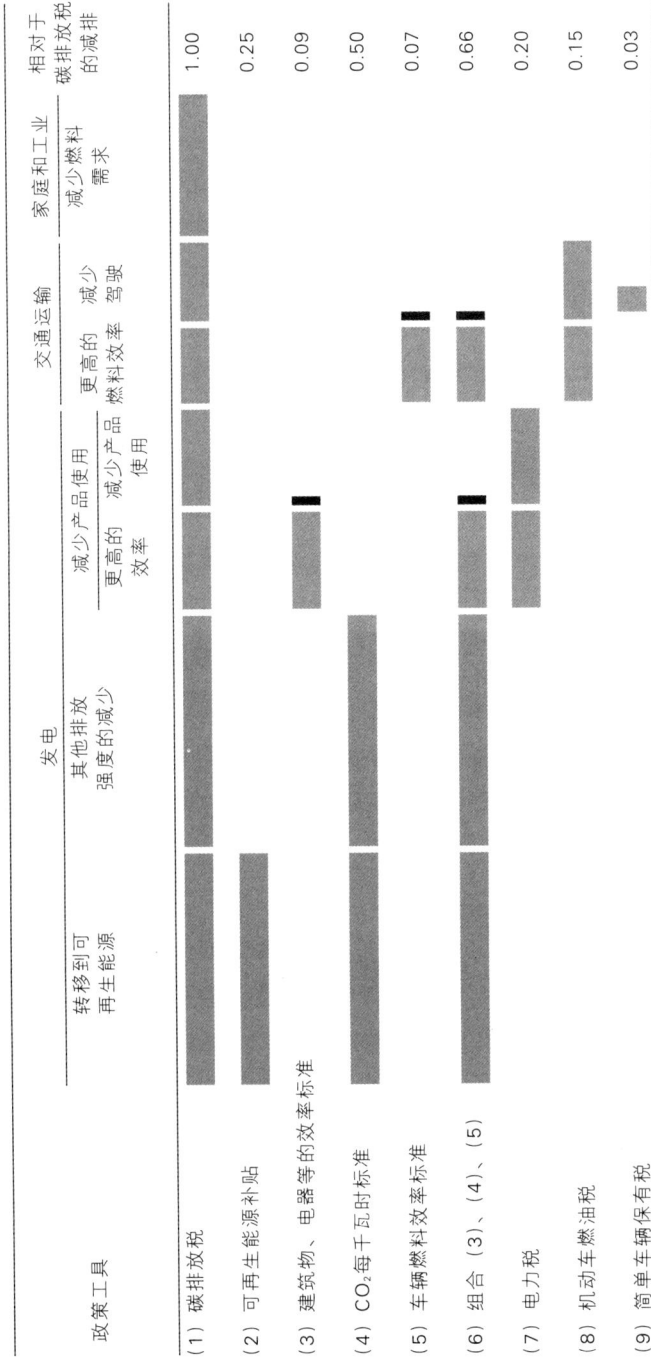

图3-1　不同政策下化石燃料二氧化碳排放的来源说明

注：浅灰色条表示不同政策引起的温室气体排放量的减少；政策按比例（适用时）达到相同的效果，如燃料效率和电力需求作为碳排放税。
深灰色条表示增加排放的来源，因为单位能源成本的降低会增加使用能源产品的需求。
资料来源：基于对美国的分析 Krupnick 等（2010）；Parry、Evans 和 Oates（2014）。

3.1.2 成本有效性概述

除了政策具有有效性外，使用财政工具的第二个理由主要是在经济成本最低的条件下改善了环境。

正如专栏3-2所述，讨论的重点是经济成本，而不是国内生产总值和就业等其他指标。目前，政策是以成本的有效概念为基础比较的，这里所谓的成本忽略了与更广泛的财政体系的重要链接（主要在下文中讨论）。

环境税（或排放交易系统）是更划算的，因为其促进了不同行为反应的增量和减排成本的均衡。例如，对于相同的二氧化碳排放价格，企业和家庭面临同样的激励措施，以减少排放的方式改变其行为，而最后每吨二氧化碳排放的成本就等于排放税。这样看来，ETS是划算的（只要信用交易市场是流动的），因为它们也会根据不同的排放源建立统一的排放价格体系。

相反，如果监管政策要求所有企业符合相同的标准，而不同企业的排放浓度存在很大差异，传统的监管政策可能会以成本效益为理由，而执行不到位（这意味着符合标准的企业将会付出更多的成本）。流动的信用交易市场要求政策符合成本效益，包括以下规定：

• 诸如排放密集的发电厂等企业，通过向相对清洁的企业购买超过标准的碳排放额度，降低其排放标准（限制每千瓦时的平均排放量）。

• 企业通过不同的监管项目进行信用交易，从而在监管范围内建立统一的排放价格。

专栏3-2   经济成本的定义

环境政策的经济成本与家庭和企业的成本或利益相关，政策以各种方式直接（如通过较高的燃料价格）或间接（如由于对环境税的增加，更广泛的税收回应可能会减少）地影响家庭和企业的利益。

以碳定价为例，直接行为反应的例子包括以下几个方面：

• 使用清洁燃料发电的生产成本更高，更昂贵。

• 家庭开车的成本低于他们原本的喜好（放弃旅行的价值在于更加省时和节省燃料成本）。

●企业和家庭通过使用更加节能的汽车、电器、机器等减少成本——前期购买成本低于燃料生命周期的成本。

一般而言,较高的能源和运输成本会渐渐降低经济活动的总体水平,而反过来又会渐渐减少整体经济的就业和投资。正如下文所讨论的,工作努力和对资本积累的税收已经扭曲了就业和投资水平。同时,如果环境政策使这些扭曲恶化,那么环境政策将产生经济成本。然而,如果环境税的收入用来降低对工作和资本积累的税收,环境税的收入则抵消了效益。

经济成本不包含私人部门和政府之间的转让支付——不管私人部门在税收负债中支付多少美元,都被政府的收入补贴所抵消。经济成本与环境政策引发的行业失业负担是不一样的(至少部分政策是由其他部门在经历了一段漫长的调整期后组成的)——正如刚才所说,就业会影响成本,但问题是与税收体系的就业影响交织在一起。经济成本也不必与GDP的变化密切相关(Krupnick等,2010)。

经济成本的概念得到各国政府的认可,其目的是评估政府支出、税收和监管政策。例如,20世纪70年代以来,美国的一系列行政命令要求政府机构每年进行数百项的成本效益评估,基于经济成本的概念,从社会角度确定重大政策举措是否必要。

在收入被用来减轻对工作和资本积累的负担时,环境税的宏观经济影响可能是温和的。尽管财政巩固措施是真实的,但是如果财政收入被用来减少预算赤字,短期的宏观经济影响可能会更大。在21世纪的第一个十年里,财政危机应该不会影响对环境损害的补偿,尤其是因为它们为急需的收入做出了贡献(Jones和Keen,2011)。

3.1.3 平衡收益和成本

税收和价格政策的第三点好处——可以在经济利益和经济成本之间取得适当的平衡——要求价格等同于政策的"修正"水平,即等同于日益增长的环境损害。如果价格低于环境损害,一些改善环境的行为将会被放弃；如果价格高于环境损害，一些改善环境的行为又变得不合理了。①

第6章的矫正税计算假设了每单位的环境损害是恒定的（如每吨排放物的损害或每辆车行驶里程的拥堵成本）。这个假设似乎是合理的，如一年中一个国家排放二氧化碳造成的损害，对于温室气体的空气累计损害而言是很少的。但是，这个假设可能会对区域性空气污染产生更大的影响，这意味着，矫正税相对于区域性空气污染应该是独立的，在专栏3-3中提供了一些理由。

每单位恒定的环境损害有利于排放定价工具的使用（但是，这使得需求量随着能源需求、燃料价格等的变化而变化），而不利于排放数量固定且价格不变的工具使用。后者更适合于环境损害急剧升高超过阈值的情况（Weitzman，1974），尽管这些情况似乎与本章不太相关。

一个国家的不同地区，每单位的损害也不尽相同。例如，空气污染对人体健康的影响取决于当地人口的暴露程度。原则上，可以根据排放源的位置，收取不同的费用，尽管实际情况比较复杂——主要是因为高烟囱的污染可以被远距离输送（见第4章）。此外，一些研究（Muller和Mendelsohn，2009）表明，征收适当规模的、统一的排放费会产生最大的净效益——按照地区不同征收不同费用，规模小、效益大。

专栏3-3   空气污染损害函数的形状

在第4章中讨论的一些证据表明，在更高水平的污染浓度上，环境损害和周边空气污染浓度之间的关系开始趋于平缓（因为人们吸收更多污染的能力变得饱和）。因此，图3-2中污染浓度高的曲线 C_1 代表的斜率与污染浓度低的曲线 C_0 的斜率相比，是比较平缓的。

考虑到其他因素，这个函数表明在高污染国家燃油或排放的矫正税应该很低。然而，在这项研究中忽略了这种可能性。如果要引入这种规模的矫正税，则排放量将大幅下降，很可能使污染浓度降低于损害曲线的水平。

---

① 矫正税有时被称为"庇古税"，是由经济学家亚瑟·庇古首次提出的。

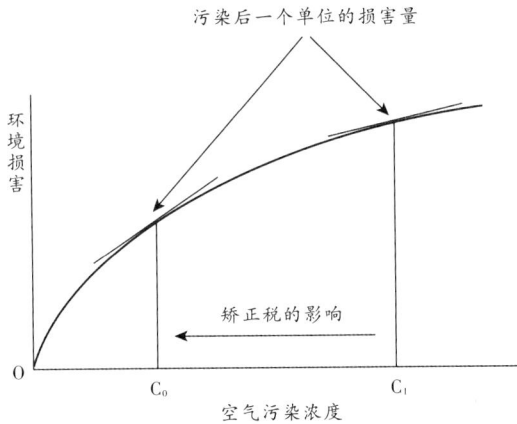

图3-2 大气污染损害函数的形状

3.1.4 广义财税背景下的环境税

本节讨论了更广泛的财政制度所造成的经济活动的扭曲，以及环境税收是如何影响这些扭曲的。在专栏3-4中讨论了在增值税或类似的销售税体系下对能源产品的适当处理，但是，如果应用了正常的程序，则与矫正税的设计无关。

专栏3-4   在增值税（VAT）下能源产品的覆盖

抛开对环境因素的考虑，基本税收原理表明，所有的消费品都包含在增值税体系（或者其他的一般销售税）中，目的是在不同的消费品中做出正确选择以提高收入。中间投入应排除在增值税之外，以避免扭曲企业对劳动力、资本、能源和材料投入的选择。这些原则适用于一般的增值税体系，只要中间产品被销售给缴纳增值税的企业——在增值税体系下，为发电燃料、工业用电等支付的任何税款都可以得到适当的补偿。

相比之下，任何适用于一般消费品的税率也应该适用于家庭购买电器、汽车和燃料。在理想情况下，任何增值税都应适用于包括矫正税在内的燃料价格，以避免在消费产品中扭曲选择，并将全部社会成本考虑在内。在第6章中介绍的矫正燃油税估计是

在增值税之前征收的。

劳动收入的税收（如个人所得税和工资税）可能会导致工人实际工资和企业支付工资之间产生较大差异。因此，这些税收往往阻碍了劳动力在参与、加班、努力工作、人力资本投资等方面的工作。增值税（以及其他消费税）也有类似的影响，因为它减少了一定劳动力之下可以购买的商品数量。同样地，企业所得税和个人收入的税收也会减少资本积累，从而加重经济负担。

环境税（或者类似的工具）与这些激励方式以两种相反的方式与这些失真现象相互作用（Goulder，2002；Parry 和 Oates，2000）。

首先，因为环境税向前传递会影响到燃料、电力、运输等的价格，它们往往会降低经济活动的整体水平，这反过来又减少了就业和投资。实际上，能源税像是对劳动力和资本的隐性税收，它们加重了这些税收的不利影响。研究指出，环境税（或排放交易系统）的成本相当高——可能高出几倍（Goulder，2002；Parry 和 Oates，1999）——在考虑到它们对税收扭曲的因素市场的不利影响时。

其次，如果环境税的收入使更广泛的税收减少，相当大的经济效益是因增加对工作和资本积累的激励措施、减少非正式活动的激励措施，以及减少扭曲的税收优惠（如住房）而产生的。这些抵消了大部分由更高的能源价格引发的不利的市场因素。这意味着，经济的总体成本是适中的，如果收入被用来减少一种特别扭曲的税收，可能会产生负面的成本。尽管环境税的收入比其他税种更具标记性，但是也不乏环境税代替其他税种的例子（见专栏3-5）。当然，还有其他的收入用途，可以产生类似的经济效益，如减少预算赤字，这样反过来又降低了未来的税收负担，并为社会所需要的支出提供资金。

专栏 3-5　　　　　　　　　**环境税转移的实践**

很多国家已经推出或增加了与环境相关的税收，同时也削减了其他税收：

● 20世纪90年代初，瑞典引入了石油和天然气的税收政策，并对煤炭、二氧化硫，以及与煤炭相关的二氧化硫和工业氮氧化物的排放等收费。这些改革是更广泛的税收转移措施的一部分，该行动还加强了增值税，同时还降低了劳动力和传统能源税（汽车燃料和其他石油产品）的税收。

● 1999—2003 年，德国增加了运输燃料的税收，并对天然气、取暖燃料、重燃油和主要的住宅用电征收新税。约80%的收入用于补偿雇主和员工缴纳的工资税，约14%的收入用于预算整合，约1%的收入用于可再生能源项目。

● 澳大利亚的碳定价方案覆盖了约60%的二氧化碳排放量，约3/4的补贴被拍卖，一半的收入用于提高个人所得税的起征点（提高了3倍）。这个方案自2012年起实施，但现在可能会被取消。

● 2008—2012 年，英国的哥伦比亚引入了碳排放税，其覆盖了70%的化石燃料排放量，超过90%的收入用于减少个人所得税和企业所得税。

来源：气候变化和能源效率部（2011）；哥伦比亚政府（2012）。

尽管有财政红利，但是这并不足以成为设定更高税收水平的理由——一般说来，环境税应该以环境为基础，通过更广泛的财政工具（个人所得税和增值税等）满足更高的收入要求。

然而，考虑到大量的财政收入（见第6章），尽可能地利用财政红利是至关重要的。如果环境税的收入没有得到有效利用，那么环境税的总体成本将大幅度提高。

最后，有一些值得注意的政策含义：

● 保证环境税收入的专款专用。例如，清洁能源项目或适应气候变化项目。在理想情况下，任何专项支出都能从替代收入中产生类似的经济效益（如降低其他税收负担）。

● 适当补偿。补偿支付（如特别容易受到更高能源价格影响的群体）可能具有较高的权益和政治价值，但可以通过减少其他可能更经济有效的收入，如削减其他繁重的税收，从而显著降低环境税收的整体收益。政策制定者需要仔细权衡利弊。

● 如果可能的话，使用提高经济效率的补偿方案。如果补偿方案产生了经济效益，那么补偿和成本效益之间的紧张关系可能会得到改善。例如，通过减税（如降低基础税率、重新调整工资税、提供所得税抵免）向低收入家庭提供救济，从而改善了对工作的激励，使其无论是否努力工作，都会进行转移支付。

3.1.5 税收与ETS：概述

原则上，排放税与ETS之间的选择比实施其中一项更重要，而且设计细节也要正确。其中最重要的设计细节如下：

- 全面覆盖环境损害的来源。
- 谨慎地使用财政红利。
- 提高程序科学性，严格控制环境损害。
- 建立稳定且可预测的价格机制。

前三个设计细节的重要性已在前文有所论述。

第四个设计细节可以帮助控制项目成本。单纯的ETS带有危险性，要么给定的时间上限太低（因为能源需求低于预期），在这种情况下，可以降低排放价格和放弃低成本的缓解机会；要么给定的时间上限太高，如在能源需求高峰时段，排放价格和减排成本较高。一个可预测的、不断上升的排放价格也促进了人们对政策持续的预期，这对清洁技术的发展和部署（特别是与高成本和长期回报相关的技术）是十分重要的。可预测的价格也降低了收入的不确定性。价格波动对某些交易体系是个问题。例如，在2006年和2008年欧盟的二氧化碳期货价格达到了30欧元/吨，但是在2007年和2013年二氧化碳期货价格却跌到了低于5欧元/吨，如图3-3所示。

争取价格的稳定意味着政治上的权衡，然而，由于排放量每年都会变化，气候政策目标通常被表述为年度排放水平，而不是价格目标。

合理设计的环境税自然符合四个设计特点。如果补贴被拍卖，并且价格稳定条款规定了价格的上限和下限，那么ETS也要这样做。

在实践中，碳排放税似乎已成为最大限度发挥财政红利的工具，这大概是因为它是由财政部管理的。如果将其他石油产品、煤炭和天然气作为现有机动车燃油税的延伸，那么一个管理ETS的环保机构可能不愿意或者不能够将所有通过拍卖补贴获得的收入转交给财政部。

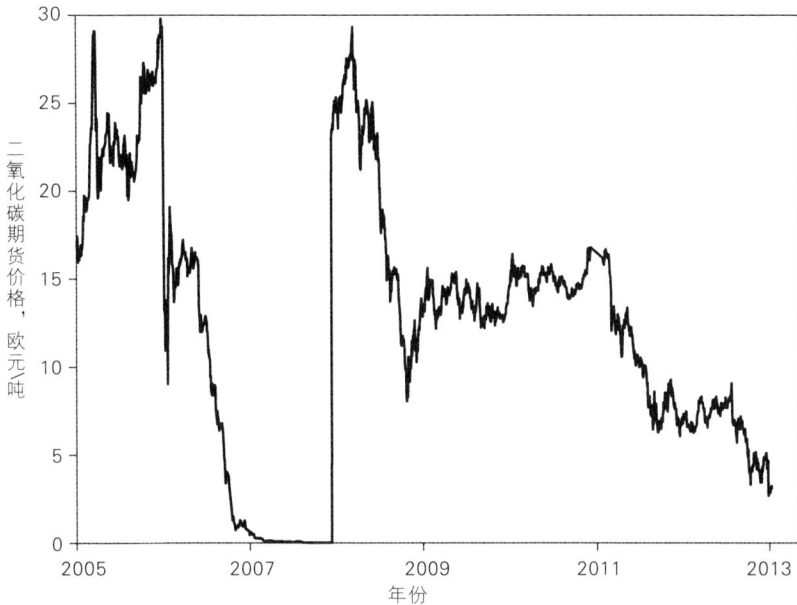

图3-3 欧盟排放交易系统的价格经验

资料来源: Bloomberg (2013) EU-ETS futures series "MO1 Comdty".

税收和单纯的ETS可以与其他气候相关政策有不同的互动。例如，如果排放的上限是固定的，推动可再生能源的政策和能源效率将不影响排放——换言之，它们将会降低排放价格（如果没有下限），并且会降低潜在的财政红利。[①]然而，在现行的碳排放税下，其他政策减少了排放（而不是反映税收的排放价格），因此对减少收入方面产生了较弱的影响。

有人认为，ETS是将气候资金输送到发展中国家的更自然的工具，因为它可以与补偿计划相结合。然而，补偿计划应该包含在税收体系中，国内燃料供应商在发展中国家资助减缓气候变化项目时应授予税收减免的优惠。另外，假设补偿计划推进了真正的减排，而非任何情况都会发生的减排，补偿计划在收入不会大幅度减少的情况下，提高了环境的税收效益。

---

① 然而,在实践中,如果排放价格通过其他政策降低了,决策者可能更愿意收紧排放上限。

但是，在没有价格下限的情况下，补偿计划降低了排放价格和碳价收入，对总排放量没有影响。

3.2 进一步的设计问题

现在需要考虑一些与环境问题相关的复杂因素：其他政策的相互作用及扮演的角色、提高政策改革可接受性的措施，以及低收入国家的相关性。在专栏3-6中涉及进一步的问题。

专栏3-6   非预期后果和市场价格波动

本专栏用实例讨论了税收改革带来的预料不到的后果，以及市场价格波动带来的影响。一个预料不到后果的例子是，环境税增加了替代燃料的使用，而且无法估量这些有害影响的成本。

例如，对化石燃料征税可能导致对核能发电的过分依赖，随之而来的风险是无法控制的突发性灾难和不安全的废物处置。在缺乏有效的监管和责任框架的情况下，为了充分地减少这些风险（它们很难通过对核能征税解决，主要是因为灾害概率和规模的不确定性），应该更加谨慎地对化石燃料征税。如果对煤炭使用重税导致开采国内页岩气储备，而没有安全保障措施，可能会造成重大环境风险，就会产生类似的问题（如地下水污染，或严重的温室气体——沼气的泄漏）。

再举一个非常具体的例子，细颗粒物的浓度在蒙古国的乌兰巴托特别高，这是由家庭冬季取暖用煤所致。然而，如果住宅煤价通过税收大幅增加，家庭可能反倒会焚烧高毒性塑料、橡胶或其他难以估价的垃圾，这可能会对人类的健康造成更严重的后果（世界银行，2011）。问题是缺乏可行的清洁替代燃料——直到提供进口石油或液化天然气等替代品，对居民征收较高的碳排放税可能就没有意义了（尽管不应排除用于发电的碳排放税）。原则上，在这种情况下，矫正燃油税将会根据每单位的燃料消耗的增加而降低，并乘以其他燃料每单位的环境损害来实现。

另一个例子与税收竞争有关。在一个拥有高柴油税的欧洲国家，车辆使用者可能会去税率较低的邻国加油，以抵消部分国内污染和拥堵所造成的损失。一个回应是各国协调其最低的燃油税税率（T&E，2011）；另一种回应是各国逐渐过渡到按里程收费，即不管车辆使用者在哪里购买燃料，其必须支付燃油税。

环境税也可以随市场价格的波动而波动。如果竞争有限，产品价格超过单位生产成本，从经济角度来看，产品的消费量将太低。原则上，较低的环境税会影响一个行业，尽管在现实中任何调整都是非常有限的（Oates和Strassmann，1984）。在其他情况下，如在国有企业，产品价格可能低于单位生产成本，但这明显高于环境损害的税收水平，这是否合理是一个悬而未决的问题（特别是由于缺乏价格波动的透明度）。然而，在这些情况下，理想的政策是消除市场价格的波动和依据环境情况设定环境税。

3.2.1 复合性环境问题

正如第2章所讨论的，能源和交通系统引起了不止一个环境危害源——燃料燃烧导致碳排放和区域性空气污染，而广泛使用车辆的负面作用还包括道路拥堵。财政政策设计的内涵将在下文就发电燃料、取暖燃料和运输燃料依次进行讨论。

1.发电燃料

发电厂的化石燃料燃烧会导致碳排放和区域性空气污染，其中最重要的污染物是颗粒物（直径为2.5微米的颗粒物，又称PM2.5）。这些细颗粒物既可直接产生（如在煤炭燃烧过程中），又可由空气中二氧化硫和反应程度较小（因为其反应微弱）的氮氧化物的化学转化间接形成。二氧化硫主要来自煤炭燃烧，氮氧化物主要来自化石燃料燃烧。

这些排放的危害一般都是附加的（见第4章），并且这些问题可以通过以下方法解决：一是按燃料排放的比例征收碳排放税（对所有达到燃料燃烧点的排放进行捕捉，给予适当的信用额度）；二是直接征收排放税。

对使用煤炭作为燃料的发电厂，应收取适当的费用，主要包括以下四项：

- 每单位能源产生CO_2的量（吨）乘以每吨CO_2的损害。
- 每单位能源产生PM2.5的量（吨）乘以每吨PM2.5的损害。
- 每单位能源产生SO_2的量（吨）乘以每吨SO_2的损害。
- 每单位能源产生NO_x的量（吨）乘以每吨NO_x的损害。

排放率的定义是相对于能源而言的，而不是相对于不同煤炭类型的能源含量变化的吨数（在第4章讨论）。违规费用可以反映排放控制技术应用之前的排放率——国家一般使用的是合理来源的独立数据（见第4章）——发电厂的运营商有责任说明，通过使用连续排放监测技术，可以使所有通过应用控制技术而产生的排放率减少，从而获得适当的税收抵免。

另外，如果征收的是排放税，而不是燃油税，则每吨排放量的适当税率将简单地反映每吨环境污染的状况，单独收费适用于以上四种污染物。这种方式可能对于监测和执行更加复杂，因为各国政府需要通过确保所有发电厂安装并正确使用连续排放监测技术来汇编当地空气排放数据。

同样的设计原则适用于天然气发电厂，尽管其排放损害很低，并且在大多数情况下，颗粒物和二氧化硫这些污染物的排放率特别小，可能都不需要对它们收费。

2.取暖燃料

收取燃料费可能是对取暖燃料（如天然气）的首选制度，大量的小型排放源是家庭。刚刚讨论的原则同样适用于集中的排放源（虽然仅仅是二氧化碳和氮氧化物）。

3.运输燃料

首先讨论燃油税，并按行驶里程收税，这可能是一种长期策略。

机动车燃油税：首先讨论客运车辆的燃油税，其中涉及有四种主要的环境副作用：二氧化碳、区域性空气污染、交通拥堵和交通事故。[1]

如果燃油税是唯一可行的财政工具，那么在正常情况下用燃料单位表

---

① 对于这些副作用的进一步讨论，详见 de Borger 和 Proost（2001）；CE Delft、Infras 和 Faaunhofer ISI（2011）；Delucchi（2000）；Maibach 等（2008）；Quinet（2004）；Santos 等（2010）；US FHWA（1997）。

示矫正税，其被 Parry 和 Small（2005）描述为：

每升二氧化碳的损害+（拥堵、事故和强加于其他驾驶者额外的每公里带给当地的污染成本×每升公里数×通过减少驾驶而不是提高燃料效率使燃料减少的比例）

公式（3-1）

公式的第一部分是二氧化碳的排放价格，通过每升二氧化碳排放量进行计算——在所有国家[①]汽油都是相同的——乘以每吨二氧化碳的损害。

公式的第二部分反映了车辆里程变化的影响——交通拥堵、交通事故和区域性污染（见下文）——而不是燃料的使用。以上集合乘以经济范围内每公里燃料效率的平均成本（公里/升）表示每升成本的效率。[②]

与距离相关的成本也乘以因征收燃油使用税而使驾驶减少的因子，而不是乘以燃料效率提高的因子（作为粗略的估计，这个分数是0.5）。第一个分数越小，减少拥堵、事故和区域性污染等的每升燃料的收益就越小，这意味着更少的燃油税是合适的。

需要注意，公式（3-1）的第二部分，成本应该由每单位燃料的使用来表示，而不是由每公里燃料的使用来表示，这忽略了对所需燃料效率的测量（往往缺乏精准的数据）——只要这些成本是按燃料反应效率的比例缩放的。

汽油（或天然气）造成主要的区域性空气污染是氮氧化物。公式（3-1）假设在燃烧效率没有改善污染的情况下，减少里程驱动就会减少它们的排放量。这种假设是合理的，如在美国，按每公里（或米）相同的排放标准对车辆征税，不论燃料效率如何，且排放率保持不变，至少在某种程度上，可以通过检查程序延长整个车辆的寿命（Fischer、Parry 和 Harrington，2007）。在缺乏这些规定的国家里，当地排放量与燃料的使用成正比，因此加入公式（3-1）的第一部分。

公式（3-1）适用于柴油卡车，但有一些修改（除了不同的输入值）。

① 讨论的重点是纯汽油的税收,不考虑乙醇(有时与汽油混合)和压缩天然气的税收,因为这两者都与特定的国家有关。

② 在理想情况下,应考虑燃料效率如何响应燃油税的变化,因为是简化计算,所以忽略了这种情况。

传统上没有规定卡车每公里的排放量，因此就要按照燃料使用的比例计算排放量（如它们不应该乘以燃油的需求部分）。此外，假设车轴重量与道路损坏成正比，卡车几乎要对车辆引起的道路磨损、开裂等的损坏负完全责任（Evans、Winston和Small，1989），并且这些损坏应该加入矫正燃油税的第二部分。[①]

实际上，汽车和卡车都使用柴油。根据发动机的不同，不同车辆支付不同的费用。在分析中提出的大多数的矫正税体现的是汽车和卡车使用燃料的平均值，尽管事实证明，两者区别不是很大。然而，较低的税率适用于使用非路面的柴油车，如农场和建筑工地的车辆。在这种情况下，对其进行区分更加可行（如把染料放入燃料中）。

基于距离的税收：从长远来看，国家应该从燃油税逐渐转化为以里程为基础的税收，以便更有效地解决随距离变化而产生的副作用（Johnson、Leicester和Stoye，2012）。

对于拥堵，繁忙路段的里程收费利用了所有的可能性，即随高峰时段费用逐步上升和下降，鉴于现有的交通基础设施，通过引导行为改变来缓解拥堵（见专栏3-1）。

对于交通事故，每公里费用可以根据车辆使用者的风险进行调整（如基于年龄、交通事故记录，以及类似的情况，保险公司评级越高，风险越高），并且车辆越大，风险可能会越高，因为它对其他车辆造成的碰撞风险会更大。[②]甚至针对当地的空气排放，一种更好的矫正税可能是按每公里收费，其税率取决于车辆的排放性能和当地人口暴露情况。

最后，通过按车轴重量的比例对重型卡车进行里程收费，有效地解决了道路损坏的问题，这可以鼓励驾驶员通过增加车轴高效运输货物，而不是依靠增加每个车轴承载的货物量来运货。

---

① 噪声有时会被认为是卡车的另一个负面影响，但这里被忽略了，因为这个损害相对于其他影响比较温和。

② 对交通拥堵和交通事故采取基于距离的收费同样适用于类似规模的车辆，不论其燃料类型和燃料效率（如除了传统的燃料车辆外，也应该包括混合动力车、电动汽车和天然气汽车）。

因此，原则上，车辆运输的理想财政制度应按车辆使用者的里程收费，并且根据影响交通拥堵、交通事故、区域性污染，以及导致道路损坏的成本强加于其他驾驶者的行驶里程等因素按比例收费。同时，燃油税可以解决碳排放问题。诸如全球定位系统（GPS）等计量技术的发展，表明现在基于里程的税收系统是可行的（见专栏3-7）。政策有效性和管理成本之间的权衡需要仔细研究。例如，如果排放受到直接监管的有效控制，那么需要额外的管理微调当地的排放率和人口暴露程度。

专栏3-7　　　　　　　　基于驾驶距离对车辆收费的实例

本专栏描述了按里程收费系统的若干实例，最后一个实例是全国性的计划。

新加坡1975年施行区域通行证（或每日通行）方案，大幅度提高了限制区域内的行驶速度，尽管最初也增加了区域外的拥堵（Santos，2005）。1998年区域通行证被特定网络的电子借记收费取代，维持在高速公路上平均30～40英里时速和在主干道路上12～18英里时速的目标。根据上个季度的拥堵等级，在高峰时段以30分钟为间隔使费用上升或下降。

挪威尝试用警戒线收费，尽管对交通拥堵的影响不大，但其目的是为了增加适量的运输收入，而不是防止拥堵。

伦敦介绍了2003年的区域通行证方案，每个工作日收取8英镑的拥堵费。可以通过检查站的摄像头搜集信息，在收费区域记录每车辆的车牌。罚单会邮寄给没有预付的车辆驾驶者。两年内，收费区域的拥堵下降了30%，然而到2008年，平均车速又降到了之前的水平，这是因为车流量增加，并且一些车道作为专门的公共汽车道、人行道和自行车道使用（伦敦交通，2008）。目前，在米兰也施行了一个类似的方案，每天固定交费5欧元。

2007年，斯德哥尔摩在占地面积约36平方公里的区域内实施警戒线收费（基于车牌识别执法）。通过警戒线收费，每天10瑞典克朗～20瑞典克朗，但一些车辆（救护车、公共汽车、摩托车和替代燃料车）免征。起初，靠近市中心的主要干道的拥堵下降了50%，市中心的拥堵下降了20%，但好景不长，渐渐开始恶化（Eliasson，2009）。

在美国，在价值定价方案中联邦政府资助计划和减少高速公路收费的监管障碍，使得拥堵收费的效果有限。一些方案开放了之前为多人车辆预留的专用通道，取而代之的是向单人车辆收取费用（如加利福尼亚圣地亚哥的15号州际公路），而其他人使用通行费为新的基础设施提供资金（如1995年在加利福尼亚奥兰治县的91号公路上增加了车道）。

2005年，德国针对12吨以上的重型卡车引进了一个全国性的高速公路收费系统（由GPS计量）。根据车型、轴数和排放率的不同，收费为每公里0.14欧元~0.20欧元——最终，收费也将随着一天的时段和地区的不同而不同。

鉴于广泛应用基于里程的税收还需要很长的一段路[①]，在过渡时期，基于里程的税收仍然是有效的（它产生了显著的净经济效益），以反映车辆在燃油税使用中的所有不利影响。

3.2.2　其他政策对环境税设计的影响

现在开始讨论其他常用的政策，这些政策旨在减少化石燃料的排放，并且这可能对环境税的影响和设计意义显著。[②]

可再生能源和能源效率法则：可再生能源和能源效率法则不影响每单位煤炭或天然气的环境损害，因此不改变这些燃料的矫正税。它的效果是减少税收改革的环境效益，因为一些潜在的行为反应（采用电力节约技术，将化石燃料向可再生能源转变）已经被法则所引导。

排放交易系统（ETS）：以碳排放税为例，如果税收目标与ETS（没有价格下限）已经适用的基础相同，那么税收将会降低补贴价格，而不会影响排放（通过上限固定）。在网上，如果补贴被拍卖或增加，或者补贴被

---

①　例如，荷兰和英国提出在全国范围内基于距离收税的提案已被搁置。

②　这里暂不考虑化石燃料消费的补贴，因为它们扮演着类似燃油税的角色（尽管现有的补贴考虑了第6章提到的政策改革的影响）。

自由分配，则来自税收和排放交易系统的政府收入不会受到影响。在后一种情况下，税收拨付为租金，否则将由补贴持有者负担。[①]

空气排放规则：此规则会包含新工厂将控制技术合并的需求，如烟气脱硫技术，或控制发电厂平均每千瓦时的最佳排放率（见专栏3-1）。同样，尽管这些政策影响了适当的税收抵免，以反映燃料收费系统不可控排放率和可控排放率的差异，但是它们不会影响对每吨剩余排放量收取的合理费用。它们还剔除了一些排放费用的有效性。

车辆燃料效率和排放标准：燃料效率也降低了燃油税的部分环境效益。此外，它们可以通过增加由税收引发的燃料使用减少（由于驾驶减少）提高汽车的矫正燃油税。因此，要乘以与里程相关的成本对矫正燃油税的贡献（根据公式（3-1））。每公里排放标准（适用于新车辆）产生了相反的效果，即通过降低平均排放率，它们降低了矫正燃油税的当地污染成分。

3.2.3 解决环境税有限性的其他政策

监管政策可能会补充环境税，例如，实际的限制降低了实施价格改革的能力，或者政策促进了超出燃油税之外的其他反应（如排放规则鼓励车辆制造商减少每升的排放，而燃油税则没有）。本小节简要地讨论了这些政策的设计，首先关注传统的规则，然后再讨论更新颖的政策。

1.传统的管理方法

监管政策包含以下几个可取的特征：

• 尽可能广泛地减少环境危害。如前所述，发电每千瓦时的二氧化碳排放标准比可再生能源政策更加有效，因为排放标准解决所有以减少排放为目标的燃料转换问题，而不是仅仅向可再生能源转化。

• 信用交易的条款允许一些不符合标准的企业，通过从其他符合标准且有排放余额的企业购买信用额度来满足标准，这是十分昂贵的。

• 价格的上限和下限（尽管它们倾向于缓解信用交易条款的紧迫性）。

---

① 这发生在欧盟的排放交易系统中，因为英国政府从碳排放税获得的收益，部分用于了欧盟其他国家的补贴持有者。

上限允许企业在合规成本相对较高时，支付费用替代需要满足的标准；而下限允许企业在合规成本相对较低时，如果超过了标准，就可以获得补贴。在理想状态下，通过不同的规定，这些价格的上限和下限将会在不同的规定下协调统一，它们将被设定为排放的隐含价格，与估计的环境破坏相一致。

这些价格稳定的特征将使法规更像是矫正环境税。然而，法规仍然不同于税收，因为它们既不会利用所有的减排机会，也不会增加收入。由于它们对能源价格的影响较小，以至于它们不会涉及高价的税收通行证，因此在政治上它们更容易被接受。

2.环境税的新选择

对环境税模拟效果更新颖的选择将在下文讨论，在提高能源或产品价格方面不存在政治困难。

"Feebates"一词是费用和奖励的组合。这些政策主要谈论新车每公里二氧化碳排放（或者说燃料效率）标准的选择（Small，2010）。"Feebates"包含在每公里高于二氧化碳排放均值的情况下新车缴纳的费用，以及在每公里低于二氧化碳排放均值情况下交给车辆的奖励，并且"Feebates"是按照汽车每公里二氧化碳排放量与"起征点"之间的不同，按比例征收的。例如，去年的新车，如果起征点是每公里二氧化碳的平均排放量，那么政策带来的收入可能会被中和。如果征收车辆税是当务之急，或许由于对更广泛财政工具的限制，"Feebates"可以与车辆消费税相结合（见专栏3-8）。

专栏3-8   **车辆税协调财政和环境目标**

车辆消费税通常与每公里二氧化碳排放有关，车辆分为不同的等级，更多的优惠税将适用于更低排放率的车辆。这些消费税是对与发动机能力有关的税收系统的改进，因为它们解决了节省排放量的问题（如减少汽车重量，或者提高滚动阻力），这些效果后者做不到。

但这些方案存在一个问题，它们在税收和环境目标之间建立了一种紧张关系——引导人们使用低排放量车辆的政策越成功，税收收入就越少。此外,一旦降到更低的税收等级,其将不为制造商提供持续的激励措施,以降低车辆排放率。

通过将汽车销售的广告从价税和"Feebates"结合就能避免以上两个问题。税收提供了稳定的收入来源,即排放率下降,收入也不会下降。并且它不会扭曲对车辆的选择,因为所有车辆的价格都会同比上升。此外,该方案还为所有车辆减少排放率提供了持续的奖励。

此外,它还可以用于降低发电的排放强度。具有高排放强度的发电机将根据每千瓦时的排放量和每千瓦时的排放量起征点之间的差异按比例支付费用,但低排放强度的发电机将得到相应的奖励。

虽然规则可能具有相似的优点,诸如价格上限和下限的设计特点,但是它仍有几个具有吸引力的特点:第一,由于所有企业都面临相同的减排奖励,因此它是划算的;第二,奖励会自动提供持续减少排放的激励措施,这是传统制度所没有的,因为一旦企业满足了标准,它们就不会有动力超越;第三,费用可以大致地反映环境损害的减排情况,进而设置隐形奖励;第四,它们创造了一些受行业影响的受益者(那些接受补贴的人),这可能有助于我们接受。

另一种新的政策是鼓励人们少开车(这是一种很难监管的回应),而且在没有对普通车辆使用者增加税收负担的情况下,将汽车保险由一次性支付改为按行驶里程的比例收费。这种可能性将在专栏3-9中讨论。

专栏 3-9   按照驾驶付费的汽车保险

在那些拥有完善的汽车保险制度的国家,减少车辆行驶里程的一种很有希望的方法是向驾驶付费(PAYD)的保险制度过渡,在这种制度下,随投保人每年行驶里程的比例缴纳保险。①根据保险公司的决定,现有的评级因素将被用于对不同车辆驾驶者的行驶里程收取费用。例如,没有经验的驾驶者,或有过事故

---

① 现有的系统常为年里程低于某一阈值的车辆驾驶者提供适度的折扣。然而,如果驾驶者的行驶里程低于或远高于此门槛,那么他们将没有多大的积极性去减少开车。

记录的驾驶者，将支付较高的行驶里程费用。这种方法将最大限度地提高道路安全效益，因为伴有最大事故风险的驾驶者将被给予最大限度地减少驾驶的激励措施。

随着政府开始提供税收优惠，以自愿为基础，逐步过渡到使用PAYD。[①] 低于年平均里程数的驾驶者将积极地支持PAYD（在目前的体制下，低里程数的驾驶者补贴高里程数的驾驶者）；当他们转换时，保险费将上升（以保持保险公司的利润），为了保持保险数额巨大的车辆驾驶者的利益，鼓励进一步转向PAYD。现在全球定位系统和防篡改里程表技术（具有适当的保护措施）提供了一种可靠的、准确的方法搜集驾驶者的里程信息。

3.2.4 解决清洁技术障碍的政策

即使矫正环境税是可行的，也很有可能有多种障碍阻止对清洁技术的投资，因此仅有环境税是不够的。然而，解决技术障碍在很大程度上与环境税设计有关。

首先，最重要的政策，即净收益最大的一个领域，通常是通过矫正性的财政工具获得正确的价格，主要是因为这样做会为清洁技术的发展和部署提供跨平台的激励。进一步的创新激励可以产生显著的额外好处，尽管研究表明它们属于较小的规模（Goulder 和 Mathai，2000；Nordhaus，2002；Parry、Evans 和 Oates，2014；Parry、Pizer 和 Fischer，2003）[②]。

其次，不同的技术具有不同程度的障碍，因此更需要具有针对性的措施，而不是将环境税设置在环境损害的范围内，这将同样鼓励所有的技术。[③]

---

① 政府的激励措施可能需要克服对PAYD私人发展的障碍。当保险公司按里程收费时，它的成本要降低到其客户通过减少驾驶来减轻事故风险的程度。然而，其他保险公司的成本也降低了，因为它们自己客户中两车事故的风险几率太低，可是保险公司提供的以里程为基础的保险并不能被节省下来。

② 需要注意的是，延迟清洁技术的转变是有代价的——如果经济变得更加局限于排放密集型的资本和基础设施，成本就会增加（Acemoglu 等，2012）。

③ 研究表明，促进减排和清洁技术将会节省大量成本，通过将环境税和技术激励相结合，而不是完全依靠税收（Goulder 和 Schneider 1999；Fischer 和 Newell，2008）。

在私人部门研发（R&D）和技术部署的背景下，本节的其他部分讨论了技术壁垒的性质和可能的反应，以补充环境税。[①]

重点在于改变私人部门的投资行为，而不是公共投资行为（交通运输系统、燃料分配的基础设施、智能电网等）。一般来说，公共投资以成本效益为标准，在提高环境税有效性方面起着潜在的作用，如向通勤者提供公共运输方案（世界银行，2012）。

1.研发（R&D）

私人部门研发清洁技术是不够的，即使是在矫正环境税的情况下，当创新者无法将新技术的好处转移到其他公司时，他们可能会复制这些技术，或者利用这些技术推进自己的研究项目。未来政策的不确定性也使得公司对新技术投资犹豫不决。虽然类似的障碍可能出现在其他行业的技术发展上，但是它们似乎对清洁能源技术（如可再生能源工厂）尤为严重，因为这些技术的前期投入往往很大，而排放量的减少会持续几十年。即使现在使用足够的矫正税，在遥远的未来税率也有内在的不确定性。

一种技术手段是研发补贴，如税收抵免，尽管补贴不区分哪个研究可能更有前途。在这方面，授予知识产权的方法更佳，因为该专利的价值取决于技术的商业可行性。但专利在研发激励和扩散之间建立了一种紧张关系，如果允许其他公司"模仿"专利技术，那么新技术很容易扩散，但是反过来会损害创新者的利益。对新技术的奖励可能是有用的补充，因为它们避免了这种紧张关系。对主要新技术的奖励可能是基于客观的分析（例如，估计技术为满足气候目标可以帮助降低多少成本），或者基于潜在的减排目标设立一些小型的奖项，当技术被另一家公司采纳时，可以向创新者支付奖励。

2.技术的发展

尽管排放定价和研发奖励超越了未来政策的不确定性，但是清洁技术仍可能被部署得不够充分。例如，个别公司可能不愿意率先使用一种不成熟的技术，因为要学习如何可靠高效地使用它，会导致成本提高，而学习

---

① 各国政府也对新技术进行基础研究，并将其成果运用于私人部门。例如，美国联邦政府每年花费约40亿美元用在与能源相关的技术上，尽管一些分析人士认为，有必要大幅度地增加支出（Newell,2008）。

环节的受益者是随后采取技术的其他公司。同时，家庭层面可能出现各种问题，尽管政策干预的基础仍然存在争议（见专栏3-10）。

专栏3-10   能量悖论之争

"能源悖论"是指一种现象，即看似划算的节能技术并不总是在市场上采用，这种节能技术按市场利率打折后的价格超过了前期购买和安装的成本。针对这种现象提出了很多解释，许多解释认为政策实施是合理的。例如，消费者的信息有限，从他们所拥有的信息中计算未来能源成本的能力有限，或者可能需要考虑他们所熟知的更多的商品特征，因此忽略了能源节约。他们也可能不信任声称的能源成本节约，对未来燃料价格的怀疑，或者对未来的评估短视。二手商品市场的信息差距可能会导致更多人延续这样的想法，因为在销售二手产品时，不允许人们充分利用更高的能源效率。消费者也可能受到借款限制的影响，导致他们在节能技术上的投资低于社会的预期。

然而，其他的解释并不支持政策干预。例如，消费者不愿购买更多的节能产品，这反映了他们可能出现的不良潜意识，如汽车的加速减少、与白炽灯相比，荧光灯泡的照明质量较差，或者这些产品可能更加需要维修。

事实证明，能源效率在很大程度上被低估了。如果是这样，在一定程度上保证政策的干预仍然是不确定的，这使得它很难提出适当的额外政策解决能源悖论（Allcott和Wozny，2012；Busse、Knittel和Zettelmeyer，2012；Gillingham、Newell和Palmer，2009；Helfand和Wolverton，2011；Huntington，2011；Parry、Evans和Oates，2014；Sallee，2013）。

尽管可能需要额外的工具来刺激技术部署，但这些工具的适当形式、规模和出现的时间很难判断。干预措施可能包括一些补充措施，如为提高汽车燃料效率，或鼓励对可再生能源及其他技术的渗透而采取的措施。在后一种情况下，无论经济状况如何，采用补贴可能比在技术上强制实施要好得多；与前面的讨论相一致，补贴允许企业在更有限的基础上灵活地部署技术,因为它的成本比最初预期的更大(相对于其他选项)。

3.2.5 克服环境税改革的障碍

实施环境税改革是极具挑战性的,其中一个原因是,反对能源价格上涨。正如第2章所说的,许多国家对化石燃料能源的补贴,在2011年达到了4 900亿美元。此外,即使在能源赋税沉重的国家,从环境的角度来看,税收的作用往往也不太明显。而且,由于项目重叠和对偏好人群的低利用率,不同的燃料用户可以对相同的排放源收取不同的费用。[①]

反对能源高价的呼声来自家庭(特别是低收入家庭)和能源密集型企业,尤其是贸易敏感行业。以下将简要地讨论上述问题,议题将覆盖各个部分(Clements等,2013)。Clements等(2013)也用案例研究探讨了加强能源价格改革的广泛可行性(如提高透明度、逐步改革、信息宣传)。

1.补偿家庭

对于一些国家而言,减少家庭反对环境税改革的一种可能是减少现有的影响能源的税收,至少在环境方面是这样,因为环境税是多余的。例如,在大多数经合组织中,不是所有的居民用电消费和驾车的碳定价负担都可以通过减少电力消费和汽车销售的现行消费税来抵消(IMF,2011)。另一种可能是为采用更清洁的能源,如热绝缘、荧光灯和太阳能热水器等提供临时性补贴。

在发达国家,贫穷家庭往往要花费绝大部分收入用于电力和燃料运输、取暖和烹饪。因此,相对于他们的收入,其要承担更高的能源价格,从而导致低收入家庭比高收入家庭负担更多,这与缓和收入不平等的努力背道而驰。对于发展中国家而言,由于有限的车辆所有权或有限的电网接入,低收入人群对能源价格(相对于收入)上涨的负担可能会更小。但任何可能降低低收入人群生活水平的政策都可能需要一些补偿。

通过将能源价格设定在生产成本和环境损害的水平之下帮助那些不太富裕的人,是一种非常低效的方法。根据图3-4总结性的统计,在这些燃

---

① 例如,在英国,Johnson、Leicester和Levell(2010)估算了2009年潜在的碳排放税,国内天然气使用和商业发电分别为26英镑/吨和41英镑/吨,家庭和工业的天然气使用分别为0英镑/吨和9英镑/吨。

料补贴的国家中，价格较低的汽油和柴油所带来的好处，仅为收入最低人群的3%和7%。

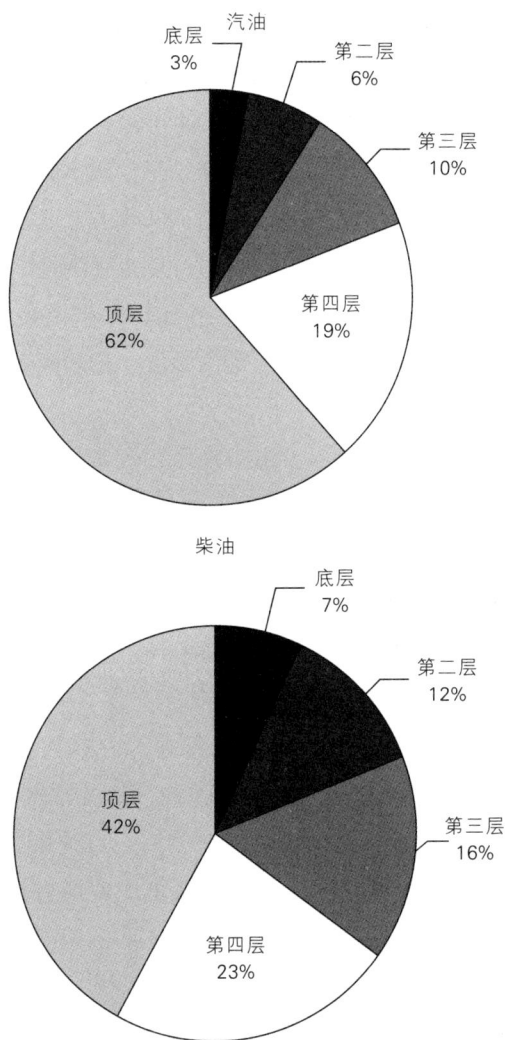

图3-4 能源补贴的分配率

注：此图总结了在所有补贴汽油和柴油燃料的国家中，各收入群体受益的比例。顶层=最富有；底层=最贫穷。

资料来源：Clements等（2013）。

换句话说，有很多更有效的方法可以帮助这些低收入人群：

• 针对性的减税措施，如工资退税、所得税抵免，以及设立较高的个人所得税起征点等，这些税收政策将涵盖所有低收入的、依赖能源的家庭。

• 转移支付、低收入工作的工资补贴，以及类似的补贴方案。

• 增加政府支出（如学校、教育、住房、就业项目），让低收入家庭获得不同程度的收益。

然而，请回忆一下有关过度补偿的注意事项，以及促进经济可取行为的偏好方案。

2. 补偿企业

钢铁、铝、水泥等贸易行业的高能源成本——尤其是对碳价格的担忧——可能会导致双重问题，即竞争力的丧失，体现在企业搬迁到没有碳定价的国家，以及"排放泄漏"（这些国家排放的增加抵消了国内排放的减少）。在碳定价的背景下，包含以下几种可能的回应（Fischer、Morgenstern 和 Richardson，2013）：

• 利用一些碳定价收入资助企业所得税的普遍削减，可以抵消整体经济竞争力的增长，尽管这些削减对最脆弱的能源密集型企业来说并不是很好，因此对限制排放的影响也微乎其微。用碳定价的收入资助企业降低其所得税，为经济整体竞争力的提升提供了补偿，但这些资金没有很好补贴给最脆弱的能源密集型企业，因此对限制排放的影响也是微乎其微的。

• 生产补贴可以用来保护能源密集型、贸易敏感型的企业，以抵消其能源成本的上升。这些补贴保留了每单位产出减少排放的激励措施（尽管不是减少产出的整体水平）。然而，补贴消耗了部分碳排放税的收入，使管理措施更加复杂。

• 当商品进口到一个实行碳定价的国家（或许多国家）时，可能会对碳价进行边界调整。这些调整的一个关键因素是，它们鼓励其他贸易国家进行碳定价，以避免其他国家承担部分税收负担。然而，在自由贸易协定下，这些收费的合法性是不确定的。此外，如果碳排放和其他国家减少碳排放的程度难以衡量的话，则进口费用将难以实施（特别适用于来自不同国家的大宗产品）。

● 另一种可能只是对那些易受贸易影响的企业进行豁免。例如，通过向它们提供购买电力和燃料的奖励，以抵消碳定价对其投入成本的影响。这些豁免也导致了税收的减少，并在很大程度上比其他措施降低了环境效益。

总之，上述的每一个选项都有其缺陷。在理想情况下，各国将协调其碳定价政策，减轻此类政策的压力（在任何情况下，当国内能源价格合理时，那些无法竞争的企业最终会被淘汰）。

3.2.6　低收入国家的适用性

上述讨论了环境税是如何适用于低收入国家的，在这些国家，决策者最关心的问题可能是帮助人们摆脱贫困（而不是提高能源和交通运输成本）。

在气候变化方面，低收入国家对全球排放贡献甚少，而且为了实际目的，它们承担代价高昂的减排政策的理由也相对较弱（Gillingham 和 Keen，2012）。但是，对当地环境问题的定价——空气污染、交通拥堵、交通事故——符合这些国家自身的利益，因为这提供了净经济利益。然而，有一些细微的差别。

一个原因是，相对而言，对于能源密度相对较低的国家来说，潜在的财政和环境效益不那么重要，这在非洲很常见，如不使用煤炭。另一个原因是，即使有矫正税，并且抛开已经提到的技术壁垒，由于资金短缺，私人部门的绿色技术投资可能仍然低于低收入国家的经济效率水平。这是为其他投资提供捐助的基本原理，如基础设施项目，以及类似的外部资金在环境领域发挥着互补的作用。更普遍的是，通过发达国家和新兴经济体的知识传播，向低收入的国家转让技术。

3.3　小　结

本章对环境保护和政策设计问题的工具选择进行了全面的概述，以上各节（主要集中于有效燃油税的评估）的主要内容如下：

• 对于发电，要么按照燃料供应（煤炭或天然气）与每单位排放的环境损害的比例征税，并适当计入燃料燃烧过程中捕获的排放量；要么直接按照烟囱排放的废气收费，反映出每吨排放的环境损害。这些收费计划的选择主要取决于执行方面的考虑。

• 对于取暖燃料，应征收燃油税，以反映排放率和环境损害（对于大多数的燃料用户，为排放量定价是不切实际的）。

• 对于运输燃料，应根据公式（3-1）计算出一个副作用范围更广泛的矫正税。

参考文献

Acemoglu, Daron, Philippe Aghion, Leonardo Bursztyn, and David Hemous (2012) 'The Environment and Directed Technological Change', American Economic Review, 102:66-131.

Allcott, Hunt, and Nathan Wozny (2013) 'Gasoline Prices, Fuel Economy, and the Energy Paradox', NBER Working Paper No.18583.Cambridge, Massachusetts: National Bureau of Economic Research.

Böringer, C., J.C.Carbone, and T.F.Rutherford (2012) 'Unilateral Climate Policy Design: Efficiency and Equity Implications of Alternative Instruments to Reduce Carbon Leakage', Energy Economics, 34(2): S208-S217.

Busse, Meghan R., Christopher R.Knittel, and Florian Zettelmeyer (2012) 'Are Consumers Myopic? Evidence from New and Used Car Purchases', American Economic Review, 103:56-220.

Cairns, Robert D. (2014) 'The Green Paradox of the Economics of Exhaustible Resources', Energy Policy, 65(1): 78-85.

CE Delft, Infras, Faaunhofer ISI (2011) External Costs of Transport in Europe: Update Study for 2008.Delft, Netherlands: CE Delft.

Clements, Benedict, David Coady, Stefania Fabrizio, Sanjeev Gupta, Trevor Alleyene, and Carlo Sdralevich, eds. (2013) Energy Subsidy Reform: Lessons and Implications.Washington: International Monetary Fund.

de Borger, Bruno, and Stef Proost (2001) Reforming Transport Pricing in the European Union.Northampton, Massachusetts: Edward Elgar.

Delucchi, Mark A. (2000) 'Environmental Externalities of Motor Vehicle Use', Journal of Transport Economics and Policy, 34:68-135.

Department of Climate Change and Energy Efficiency (2011) Securing a Clean Energy Future: The Australian Government's Climate Change Plan.Canberra, Australia: Department of Climate Change and Energy Efficiency.

Dinan, Terry, forthcoming (2011) 'Offsetting a Carbon Tax's Burden on Low-Income Households', in Implementing a US Carbon Tax: Challenges and Debates, edited by I.Parry, A.Morris, and R.Williams.Washington: International Monetary Fund.

Eliasson, Jonas (2009) 'A Cost-Benefit Analysis of the Stockholm Congestion Charging System', Transportation Research Part A: Policy and Practice, 43:80-468.

Evans, Carol A., Clifford Winston, and Kenneth A.Small (1989) Road Work: A New Highway Pricing and Investment Policy.Washington: Brookings Institution.

Fischer, Carolyn, Richard Morgenstern, and Nathan Richardson (2013) 'Carbon Taxes and Energy Intensive Trade Exposed Industries: Impacts and Options', Working paper.Washington: Resources for the Future.

Fischer, Carolyn, and Richard G.Newell (2008) 'Environmental and Technology Policies for Climate Mitigation', Journal of Environmental Economics and Management, 55:62-142.

Fischer, Carolyn, Ian W.H.Parry, and Winston Harrington (2007) 'Should Corporate Average Fuel Economy (CAFE) Standards be Tightened', Energy Journal, 28:1-29.

Gillingham, Kenneth, Richard G. Newell, and Karen Palmer (2009) 'Energy Efficiency Economics and Policy', Discussion Paper No. 09-13. Washington: Resources for the Future.

Gillingham, Robert, and Michael Keen (2012) 'Mitigation and Fuel Pricing in Developing Countries', in Fiscal Policy to Mitigate Climate Change: A Guide for Policymakers, edited by I. W. H. Parry, R. de Mooij, and M. Keen. Washington: International Monetary Fund.

Goulder, Lawrence H., ed. (2002) Environmental Policy Making in Economies with Prior Tax Distortions. Northampton, Massachusetts: Edward Elgar.

——, and Koshy Mathai (2000) 'Optimal CO_2 Abatement in the Presence of Induced TechnologicalChange', Journal of Environmental Economics and Management, 39: 1-38.

Goulder, Lawrence H., and Ian W. H. Parry (2008) 'Instrument Choice in Environmental Policy', Review of Environmental Economics and Policy, 2: 74-152.

——, Roberton C. Williams, and Dallas Burtraw (1999) 'The Cost-Effectiveness of Alternative Instruments for Environmental Protection in a Second-Best Setting', Journal of Public Economics, 72: 60-329.

Goulder, Lawrence H., and Stephen H. Schneider (1999) 'Induced Technological Change and the Attractiveness of CO_2 Abatement Policies', Resource and Energy Economics, 21: 53-211.

Government of British Columbia (2012) Budget and Fiscal Plan 2012—2014. Vancouver, Canada: Ministry of Finance, Government of British Columbia.

Helfand, Gloria, and Ann Wolverton (2011) 'Evaluating the Consumer Response to Fuel Economy: A Review of the Literature', International Review of Environmental and Resource Economics, 5: 46-103.

Hepburn, Cameron (2006) 'Regulation by Prices, Quantities, or Both: A Review of Instrument Choice', Oxford Review of Economic Policy, 22: 47-226.

Huntington, Hillard (2011) 'The Policy Implications of Energy-Efficiency Cost Curves', Energy Journal, 32: 7-22.

International Monetary Fund (2008) The Fiscal Implications of Climate Change. Washington: International Monetary Fund.

—— (2011) 'Promising Domestic Fiscal Instruments for Climate Finance', Background Paper for the Report to the G20 on Mobilizing Sources of Climate Finance. Washington: International Monetary Fund.

Johnson, Paul, Andrew Leicester, and George Stoye (2012) Fuel for Thought: The What, Why and How of Motoring Taxation. London: Institute for Fiscal Studies.

Jones, Ben, and Michael Keen (2011) 'Climate Policy in Crisis and Recovery', Journal of International Commerce, Economics and Policy, 2: 49-325.

Krupnick, Alan J., Ian W. H. Parry, Margaret Walls, Tony Knowles, and Kristin Hayes (2010) Toward a New National Energy Policy: Assessing the Options. Washington: Resources for the Future and National Energy Policy Institute.

Maibach, M., C. Schreyer, D. Sutter, H. P. van Essen, B. H. Boon, R. Smokers, A. Schroten, and C.Doll(2008)Handbook on Estimation of External Costs in the Transport Sector.Delft,The Netherlands：CE Delft.

Muller,Nicholas Z.,and Robert Mendelsohn(2009)'Efficient Pollution Regulation：Getting the Prices Right',American Economic Review,99：39-1714.

Newell, Richard G. (2008) A US Innovation Strategy for Climate Change Mitigation. Washington：The Hamilton Project,Brookings Institution.

——,and Robert N.Stavins(2003)'Cost Heterogeneity and the Potential Savings for Market-Based Policies',Journal of Regulatory Economics,23：43-59.

Nordhaus, William D. (2002)'Modeling Induced Innovation in Climate-Change Policy', in Technological Change and the Environment, edited by Arnulf Grubler, Nebojsa Nakicenovic, and William Nordhaus.Washington：Resources for the Future：182-209.

Oates, Wallace E., and Diana L.Strassmann(1984)'Effluent Fees and Market Structure',Journal of Public Economics,24：29-46.

Opschoor,J.B.,and H.B.Vos(1989)Economic Instruments for Environmental Protection.Paris：Organization for Economic Cooperation and Development.

Organization for Economic Cooperation and Development(2010)Taxation, Innovation and the Environment.Paris：Organization for Economic Cooperation and Development.

Parry, Ian W.H., David Evans, and Wallace E.Oates (2014)'Are Energy Efficiency Standards Justified',Journal of Environmental Economics and Management,67：25-104.

Parry, Ian W.H.,and Wallace E.Oates(2000)'Policy Analysis in the Presence of Distorting Taxes',Journal of Policy Analysis and Management,19(4)：14-603.

Parry, Ian W.H.,William A.Pizer,and Carolyn Fischer(2003)'How Large Are the Welfare Gains from Technological Innovation Induced by Environmental Policies', Journal of Regulatory Economics,23：55-237.

Parry, Ian W.H.,and Kenneth A.Small(2005)'Does Britain or the United States Have the Right Gasoline Tax',American Economic Review,95(4)：89-1276.

Parry, Ian W.H.,and Roberton C.Williams(2012)'Moving US Climate Policy Forward： Are Carbon Tax Shifts the Only Good Alternative', in Climate Change and Common Sense：Essays in Honor of Tom Schelling, edited by Robert Hahn and Alistair Ulph.Oxford,U.K.：Oxford University Press：173-202.

Prust,Jim,and Dominique Simard(2004)'US Energy Policy：The Role of Taxation',in US Fiscal Policies and Priorities for Long-Run Sustainability, edited by Martin Mühleisen and Christopher Towe.Washington：International Monetary Fund.

Quinet, Emile (2004)'A Meta-Analysis of Western European External Costs Estimates',Transportation Research Part D,9：76-465.

Sallee, James M.(2013)'Rational Inattention and Energy Efficiency',NBER Working Paper No.19545.Cambridge, Massachusetts：National Bureau of Economic Research.

——, Hannah Behrendt, Laura Maconi, Tara Shirvani, and Alexander Teytelboym

(2010)'Part I: Externalities and Economic Policies in Road Transport', Research in Transportation Economics, 28: 2-45.

Santos, Georgina (2005)'Urban Congestion Charging: A Comparison between London and Singapore', Transport Reviews, 25: 34-511.

Sinn, Hans-Werner (2012) The Green Paradox: A Supply-Side Approach to Global Warming. Cambridge, Massachusetts: MIT Press.

Small, Kenneth A. (2010) Energy Policies for Automobile Transportation: A Comparison Using the National Energy Modeling System. Washington: Resources for the Future.

——, and Kurt Van Dender (2006)'Fuel Efficiency and Motor Vehicle Travel: The Declining Rebound Effect', Energy Journal, 28(1): 25-52.

T&E (2011) Fuelling Oil Demand: What Happened to Fuel Taxation in Europe. Brussels: European Federation for Transport and Environment.

Transport for London (2008) Central London Congestion Charging: Impacts Monitoring, Sixth Annual Report. London: Transport for London.

United States Federal Highway Administration (1997) 1997 Federal Highway Cost Allocation Study. Washington: Federal Highway Administration, US Department of Transportation.

Weitzman, Martin L. (1974)'Prices vs. Quantities', Review of Economic Studies, 41: 91-477.

World Bank (2011) Air Quality Analysis of Ulaanbaatar: Improving Air Quality to Reduce Health Impacts. Washington: World Bank.

——(2012) Inclusive Green Growth: The Pathway to Sustainable Development. Washington: World Bank.

第 4 章

燃料使用的污染损害测算

本章首先简要评估了二氧化碳的排放对气候变化的损害。本章的核心是对区域性空气污染中最重要的损害进行测量：人类死亡风险。

4.1　二氧化碳损害

无论是燃料燃烧过程还是在排放过程中释放的二氧化碳对未来气候变化的损害都是一样的。因此，原则上在不同的国家每吨二氧化碳的定价应该是一样的。如果一定要对燃料供应商进行收费，那么在制定每单位燃料最适合的价格时应该考虑二氧化碳损害与二氧化碳排放因素（即每单位燃料燃烧的二氧化碳排放量）。二氧化碳的损害是这节讨论的重点，二氧化碳的排放因素将于下文讨论。

收益成本和成本有效性这两种经济的方法都已被用于评估适当的二氧化碳排放价格。①

4.1.1　收益成本方法

收益成本方法主要是利用"综合评估模型"评估未来气候变化引起额外排放的损害，如下所示：

---

① 对于更广的讨论，参见 Bosetti 等（2012）；Griffiths 等（2012）；国家研究委员会（2009）；US IAWG（2013）.

- 温室气体（GHG）当前的排放和未来全球排放时间路径之间的联系。

- 随着时间的变化，未来几年对全球温度等气候变量产生的影响。

- 气候变化带来的全球货币化的损害（如农业影响、海平面保护的成本、变化的气候和可能传播的疾病对人类健康的影响或对生态的影响）。

- 未来某一天对照当前的损失贴现，以获得单独的统计汇总，或每吨二氧化碳造成的损失，称为"碳的社会成本（SCC）"。

虽然在这些关系中有很多的不确定性，伤害值对贴现（因为二氧化碳在空气中停留几十年，而且气候将逐渐适应更高的空气浓度，所以二氧化碳排放有长期的影响）和极端风险的处理是非常敏感的。

对贴现的一种观点是，减排政策的未来收益贴现应该采用市场利率（在发达国家通常为3%~5%），因为这是评估任何私人和公共投资的未来收益的标准方式。用市场贴现率的研究估计碳的社会成本约是每吨二氧化碳10美元到50美元。例如，美国机构间工作组（2013）提出碳的社会成本为35美元/吨（以2010年美元的中间价计价）。

其他人则认为，出于道德的原因，如果收益在未来几代人（相对于当前一代）的利益中得到提高，那么就应该用低于市场的利率评估政策，以避免忽视尚未出生的人。在这种方式下，碳的社会成本要高很多。比如，Stern（2007）将碳的社会成本定为85美元/吨（以2004年美元计价），以区别于以前的研究，这在很大程度上反映了不同贴现率的对比（Nordhaus，2007）。[1]

这些碳的社会成本估计通常在一个假定基础上判断巨灾风险的成分，因为风险是未知的，未来的气候变化可能会导致世界非常大的GDP损失。然而，采取何种方式对待这些风险仍然是非常有争议的（Pidyck，2013）：一些研究（如Weitzman，2009）建议大幅提高CO_2的价格。[2]

通常情况下，用收益成本方法估算碳的社会成本一年将增加1.5%~2.5%，主要反映了受气候变化影响的二氧化碳的增速。

---

① 这种方法的折现率仍然是积极的（通常为1%~2%），以反映未来几代人较高的人均消费水平。

② 损害估计用灾难风险的分布概率进行测量是高度敏感的，也是不确定的。

4.1.2　成本有效性方法

成本有效性方法评估了二氧化碳的排放量是与长期气候稳定的目标大体一致的最小成本定价的路径，而不是明确地提出对环境的损害（在本章采取的其他办法）。

多数气候经济模型已经被开发，特别是全球能源部门，在研究排放量、温室气体浓度以及未来气候结果的联系上被广泛应用。从本质上来看，未来排放价格需要满足长远气候目标是不确定的。这个相当大的不确定性来自未来排放基线（取决于未来人口数量、人均收入、能源强度的GDP、燃料结构等）和定价的排放影响（取决于未来低排放燃料、技术成本和其他因素）。

从 2020 年开始，全球 CO_2 的价格约在 30 美元/吨（以现行美元计算），并将以每年约 5% 的速度上升。以最低成本计算，大致预计最终气温上升2.5℃（Nordhaus，2013）。相当高的全球价格致力于将平均预期升温控制在 2℃（《2009 年哥本哈根协议》确定的目标），这一目标现在可能是可望而不可即的，因为它可能需要未来技术的发展和全球部署。以目前的水平，按净值计算，从空气中移除温室气体，有助于降低未来温室气体的浓度。对于任何给定的气候稳定目标，在所有主要排放国没有充分参与的情况下，也需要大幅度地提高价格。

4.1.3　描述性价值

对于每个国家而言，政府对二氧化碳排放价格巨大的不确定性和对该价格一直以来的争议可能有着自己的看法。价值为 35 美元/吨（美国机构间工作组，2013 年）在这是用于说明目的的。这个价值不应该被定义为碳的社会成本的价值或者一个气候稳定目标的建议数值。按比例放大碳损害的成分很容易推断出替代价值对矫正税的影响。

4.1.4　关于公平性的说明

《联合国气候变化框架公约》的一个重要原则是，发展中国家肩负"共同但有区别的责任"，即这些国家（鉴于其相对较低的收入和温室气体的历史积累的贡献较小）应该承担的减排成本比发达国家低。这一原则意味着要么它们接受补偿，要么征收比发达国家低的排放价格。这一原则的应用不妨碍全世界对国际减排的努力，因为低收入国家的排放量只占整个世界排放量的一小部分（Gillingham 和 Keen，2012）。

4.2　区域性空气污染损害

虽然区域性空气污染造成了各种其他有害的环境影响，但中心问题是人类过早死亡，这是迄今为止，在以前的损害评估（见第 2 章）中最重要的类别。

来自燃料燃烧对污染死亡的影响可以通过以下步骤进行估值：

● 确定有多少污染物被暴露的人群吸入，不管是当地排放的污染，还是从其他国家输送来的污染。

● 评估这种污染物如何影响死亡，尤其是考虑到一些因素，如人的年龄和健康状况，与污染有关系的易得的疾病。

● 货币化对健康的影响。

● 每单位燃料所造成的损害。

这里的核心是一个增量的污染损害，而不是一个总量的污染损害，因为增量的数额与有效设置燃油税有关。

对于少数几个国家，前期的研究已经评估了当地的空气污染损害，全球范围内主要的建模工作也正在进行中。[1]本章是第一次采用统一的方法，[2]在广泛的发达国家和发展中国家对化石燃料排放的损害进行评估。

尽管国家层面决定环境损害的可能要素得以识别，但这并不是所有的

---

① 例如，国家研究委员会(2009)及 Muller 和 Mendelsohn(2012)估计了美国的污染损害；欧盟委员会(2008)估计了欧洲的污染损害；世界银行和中国国家环境保护部(2007)估计了中国的污染损害；Cropper 等(2012)估计了印度的污染损害。在全球水平，全球疾病项目(在下面将要讨论)估计了空气污染引起的区域性死亡率，而不是个别国家排放物释放所带来的健康影响，这可能需要支付矫正燃油税。气候和清洁空气联盟正在开发一个复杂的建模系统来量化空气污染损害。该模型目前涵盖了 4 个国家，但最终适用于更多的国家。随着这项工作的开展，它将提供更多有用的信息用于矫正税估计。

② 方法上的一致性，意味着不同国家的损害估计的差异更可能反映实际的因素，而不是反映不同的估计程序。

潜在因素，而是很多影响污染形成的气象条件的跨国差异因素都包含其中。在本章中，矫正税的估计也可能成为过时的证据和数据。尽管如此，经验主义和一些缺少的因素可能会影响特定国家的区域空气质量模型的计算结果。通过燃料产品和国家说明，矫正税的电子表格[①]很容易更新。

本部分将通过以下过程进行讨论：前3节将分别对应上面的前3个步骤做具体分析；第4节主要总结全球污染损害的评估结果；第5节与模型得到的计算结果进行比较；第6节讨论将排放损害转化为矫正燃油税的程序，这一结果在第6章中提出。

4.2.1　污染暴露人群估算

正如第2章所指出的，污染导致死亡的罪魁祸首为空气中直径小于或等于2.5微米的颗粒物（PM 2.5），这个颗粒物足够小，以至于可以渗透到肺泡和血液中。PM2.5可以作为燃料燃烧的主要污染物直接排放，也可以与空气中的主要污染物产生化学反应生成二次污染物，其中主要的污染物是二氧化硫（SO_2）和氮氧化物（NO_x）。

"吸入因子"是用来估计不同国家的固定和移动排放源释放的污染物是如何被人群吸入的（技术细节见专栏4-1）。具体来说，这些组成部分在这里表示被人体吸入的其实不仅是PM 2.5，还包括SO_2和NO_x。吸入因子是一个强大的概念，并越来越多地被用于污染损害评估（Apte等，2012；Bennett等，2002；Cropper等，2012；Humbert等，2011；Levy、Wolff和Evans，2002；Zhou等，2006），主要是因为它们规避了开发数据和计算密集型空气质量模型的需求。

吸入因子主要依靠三个因素：

• 污染物排放的高度。最重要的区别是来自高烟囱的排放物。比如，在发电厂，它们更容易被分散且不受损坏，但扩散的面积会比较大。而释放在地面上的污染物，如机动车尾气和住宅供热排放的污染物会比较集中。

---

① 参见 http//:www.imf.org/environment.

● 暴露在污染中的人群规模。污染源如果距离人们生活的地方 2 000 公里，人们仍然可以摄入一些污染物（Zhou 等，2006）。即便是燃煤电厂位置远离城市中心，其排放量仍然会造成一些显著的健康损害。当一个国家通过设置燃油税解决跨境的环境损害时，污染的远程运输将是一个非常棘手的问题。

专栏 4-1 　　　　　　　　　　**吸入因子：技术性**

对于主要污染物在一个特定位置的吸入因子（iF）可以用一个公式表示（Levy、Wolff 和 Evans，2002）：

$$iF \equiv \frac{\sum_{i=1}^{N} P_i \times \Delta C_i \times BR}{Q} \qquad 公式（4-1）$$

在公式（4-1）中，P_i 是人体驻留的一个区域，该区域可以是污染被释放的国家，也可以是其他国家或者两者的结合；i 被定义为到污染源的距离；ΔC_i 是环境污染的浓度变化，可以被定义为造成排放的污染源每立方米的日平均浓度的变化，ΔC_i 也受气象等因素的影响；BR 是平均呼吸速率，即一般人在一定的环境污染下的呼吸速率，如 Zhou 等（2006）给出的呼吸速率是 20 立方米/天。

因此，在公式（4-1）中，分子是被暴露人群每天吸入污染物的总量；分母 Q 是主要污染物每天的排放率。吸入因子被定义为每单位排放的平均污染物，通常表示为每吨主要排放的 PM 2.5 的总量。

● 气象（尤其是风速和风向）、地形条件（如邻近山脉屏障，可以阻止污染扩散）和周围的氨浓度（空气中 SO_2 和 NO_x 的催化反应）。

对于长距离污染的影响，常见的方法是距离排放源达 2 000 公里的使用人口密度高的分类数据（不同的国家）。因此，对于暴露人群的准确测算应该更多地考虑聚集人群的数量，或者仅考虑距离排放源较近的这部分暴露人群。

吸入因子方法的一个缺点是不能简单地计算在气象和其他条件下全国范围的差异，尤其是当排放源在多个不同的气候区和风模式时。然而，研究表明，迄今为止暴露人群通常是更重要的因素（Zhou 等，2006）。

对燃煤电厂、其他的固定污染源和移动排放源的人口暴露估计将在下面逐个讨论。

1. 暴露于燃煤电厂排放

尽管对许多不同地区的地面排放的吸入因子进行了广泛的估算（见下面移动排放源的讨论），但是从高大烟囱排放的污染物还是很难估计的，因为长距离的污染很难通过建模完成。

本章使用了一个被广泛引用的 Zhou 等（2006）的研究，它是一个两步的统计程序。他们首先利用复杂的区域空气质量模型，模拟排放物如何被运送到不同的区域，然后将结果对应相关区域的人口密度，以此估计来自中国 29 个煤电厂的主要污染物的吸入因子。例如，对于一般的燃煤电厂，他们估计每吨排放的 SO_2 中，有约 5 克的 PM2.5 被人体吸入。Zhou 等（2006）利用统计技术获得了一组系数，表示在距离排放源 0～100 公里、100～500 公里、500～1 000 公里和 1 000～3 300 公里范围内的人均吸入数值。

这些系数可以通过住在不同距离的人数进行组合，以此推断任何一个国家的燃煤电厂的吸入因子，而不需要利用复杂的区域空气质量模型来判断。为了使计算容易处理，将最后一个距离排放源 1 000～3 300 公里按 1 000～2 000 公里进行分析（在没有失去精确度的前提下）。[1]

出于推测的目的，2009 年碳监测行动（CARMA）数据库[2]确定了 110 个不同国家约 2 400 个燃煤电厂的地理位置（这些数据涵盖了燃煤电厂世界范围内产生的总发电量的 75% 左右）。

对这 110 个国家中的每一个国家，包括没有燃煤电厂的国家，以及那

---

① Zhou 等（2006）估计，对于住在离燃煤电厂 100 公里以内的人来说，其对 PM2.5 的吸入率（对于 SO_2 引发的 PM2.5）是住在离燃煤电厂 100～500 公里的人的 8 倍，是住在离燃煤电厂 500～1 000 公里的人的 43 倍，是住在离燃煤电厂 1 000～3 300 公里的人的 86 倍。然而，考虑到居住在不同距离的平均人数，他们发现住在离燃煤电厂 100 公里以内、100～500 公里、500～1 000 公里和 1 000～3 300 公里的人群总污染的摄入量分别为 53%、27%、6% 和 14%。

② 参见 http://carma.org。

些仍有吸入跨境排放风险的国家，都使用了 LandScan 数据，以获取 2010 年的人口数量。[1]这些人口数据是非常精细的——每个网格单元是 1 平方公里或者更小。

测绘这两个数据集为每个燃煤电厂按四种距离分类的人口数量提供了非常精确的估算。首先，由一个特定的污染物（Zhou 等，2006）的相应系数乘以在这些距离类别的人口数量。然后，加入超过四种距离分类的部分，给出了估计的吸入因子，即每个燃煤电厂的污染物。最后，污染物的吸入因子的全国平均摄入量为在该国的每个燃煤电厂的摄入量的加权总和，其中权重是每个燃煤电厂在总煤炭使用中的份额。[2]

吸入因子方法适用于长距离（而不是地面）的污染。值得注意的是，此方法对气象、地形条件、局部氨浓度不做出调整。最后一个相关因素是 SO_2 和 NO_x 通过与氨反应形成 PM2.5——事实上，当 SO_2 和 NO_x 同时大幅度减少时，氨被"释放"出来，维持了剩余 SO_2 和 NO_x 的排放量的反应，这使得它们更容易形成细颗粒（PM2.5）。在某种程度上，相对于其他国家，中国的每个燃煤电厂的这些因素都是变化的（在 2 000 公里半径），对于其他国家来说，吸入因子都被高估或者低估了。在后面的一节中，将这些国家得出的结果与空气质量模型进行比较，但该模型只考虑了气象条件、氨浓度等相关因素。

吸入因子也取决于排放污染物烟囱的高度，从最高烟囱排放的污染物在被吸入之前会有部分消散，而且全球范围内并没有对烟囱的高度进行统一的调整。因此，吸入因子在烟囱高度上不会出现很大的差异（Humbert 等，2011）。

对于生活在两个或更多燃煤电厂附近的人的死亡风险被假定为是增加的（换句话说，一个燃煤电厂的吸入因子是相同的，不管吸入污染物的人群是否也暴露在其他燃煤电厂附近）。在大多数情况下，这似乎是合理

---

① LandScan 数据由 Oak Ridge 国家实验室编制（见 http//:www.ornl.gov/sci/ LandScan）。

② 煤炭使用总量是指该国样品中用于电厂的煤炭总和。电厂排放 CO_2 来自煤炭的使用，因为在燃料使用和 CO_2 排放量之间存在一定的比例关系，电厂排放水平的报告在 CARMA 数据库中。

的，对于空气污染特别严重的国家来说，人们吸入污染物的能力开始趋于饱和，但即便如此（见专栏3-3），对矫正燃油税的估计也没有多大相关性。

2.暴露于其他固定污染源和机动车尾气排放

由于缺乏数据——特别是考虑地域位置——估计人口暴露于其他用途（如金属冶炼）的燃煤排放是不可行的。为计算煤炭税收改革的影响，这些其他用途的环境损害和矫正税被假定与燃煤电厂相同。

基本上相同的程序和数据来源于如上所述，用于估计暴露于101个国家的约2 000个天然气厂的平均人口数量。天然气和煤炭一样产生三种主要污染物，因此，可以再次应用Zhou等（2006）的系数。[①]

对于天然气来说，每一种主要污染物的吸入因子都比煤炭的大，因为平均而言，天然气厂的位置通常靠近人口中心，但差异并不大。事实上，天然气燃烧的局部污染远没有煤炭严重，因为天然气产生少量的SO_2和PM2.5。

天然气通常在家庭使用，主要用于空间加热。由于其排放接近地面，因此人接触到室外污染更为局部。这同样适用于机动车尾气排放。

住宅和机动车尾气排放估计需将 Humbert 等（2011）与 Apte 等（2012）的研究相结合。Humbert等（2011）报告了关于SO_2、NO_x和PM2.5的地面源的全球平均吸入因子。Apte等（2012）估计了全球3 646个中心城市的情况，只适用于PM2.5，并取决于当地的人口密度和气象。对于PM2.5城市层面的吸入因子将与国家层面其他市区以及人口居住比例相关。Apte等（2012）的数据显示了国家的平均数据大于一个城市的数据。[②]对全球SO_2和NO_x的吸入因子的获得来自 Humbert 等（2011）的估

---

① 天然气的某些特性,如释放的速度和温度,可能会和煤炭有所不同,但最有可能使天然气的吸入因子产生小的偏差。

② 2010年的城市化率是世界银行(2013)得出的。农村地区地面水平的排放量的吸入因子是不能用于国家基础数据的,因为它们与城市地区的排放量相比非常小。尽管这样的结果差别不大,但是农村地区的吸入因子仍然在全球水平的估计范围内(Humbert等,2011)。将农村地区的吸入因子加入到每个国家城市中,增加了城市地区吸入因子数值的估算。

计，各国PM2.5吸入因子的缩放可以推算出全球PM2.5吸入因子的数值（Apte等，2012）。[1]

4.2.2　从污染暴露到死亡风险

本节将分两个步骤讨论在不同国家额外暴露的污染是如何增加死亡风险的。第一步是对可能加重疾病的污染建立基准死亡率。第二步是通过评估与额外污染相关的死亡率增加的可能性，以及没有额外污染的死亡率来建立基准死亡率，然后聚焦疾病。

许多讨论都依赖于世界卫生组织的全球疾病项目，其提供了全球所有地区最全面的评估，包括死亡率以及与污染有关的健康损失、伤害和风险因素。[2]

1.基准死亡率

一个给定规模的人群吸入额外污染造成的死亡风险将取决于人口的年龄和健康状况。例如，老年人一般比年轻的成年人更容易受到环境污染的影响。健康状况也很重要，有人已经患上了心脏病或肺病，其可能比健康人更容易吸入污染物。如果人们更容易死于其他原因（如交通事故、患与非污染相关的疾病），那么他们就不太可能活得足够长而死于与污染有关的疾病。

这些因素的作用可以概括为年龄越大，摄入污染后死亡率就越高。焦点是4种成人疾病——肺癌、慢性阻塞性肺病、缺血性心脏病（血液供应减少）和中风，这些疾病的患病率在人们吸入污染物时增加。

每个国家每年死亡率都会通过这4种疾病估计，还要考虑人口年龄结构，如下所示：全球负担的疾病的死亡率数据在区域层面提供4种疾病的12种不同的年龄组，全球分为21个区域（附件表4-1列出了每个区域内的国家）。这些年龄组是针对25岁以上的人群（25岁以下人群的死亡风险被假定为零）。使用国家在每个年龄组的人口数据，然后得到国家层面疾

---

① 机动车还产生挥发性有机化合物(VOC)，主要形成臭氧。这里忽略了臭氧的破坏性影响，是因为与臭氧相关的死亡率与PM2.5相比要少得多。

② 见http://www.who.int/healthinfo/global_burden_disease/about/en.

病死亡的年龄加权死亡率。[1]

图4-1显示了21个区域的结果。在全球范围内，可能因污染而恶化的疾病的总死亡率是每年每千人中有3.7人死亡（这些死亡病例中，大部分仍会在没有污染的情况下发生，平均约为89%）。东欧国家的死亡率最高，每千人中有10.6人死亡，部分原因是与酒精和吸烟有关的高发疾病。撒哈拉以南非洲西部的死亡率最低，每千人中只有1.3人死亡，那里的人更多地死于其他原因，而不是死于与污染相关的疾病。[2]

对所有地区来说，心脏病是最大的致病源——在全球范围内，它几乎占4种疾病的总死亡人数的一半，肺病和中风约各占20%，而肺癌约占10%。这些情况在东欧地区有所不同，如心脏病的死亡人数占总死亡人数的72%。

在本章中估计的污染损害被低估了，其中25岁以下年轻人的死亡率，特别是婴儿的死亡率被排除在外。省略这些死亡数据的一个主要原因是婴儿的死亡风险评估相对成年人更有争议性、更不稳定（见专栏4-3）。[3]

2.增加空气污染带来的死亡率

一些美国的研究估计了污染浓度和与污染相关疾病导致死亡率增加之间的关系，即浓度响应函数。[4]例如，Pope等（2002）在美国61个城市中，追踪一大批成年人的健康状况，将健康结果归因于PM2.5的浓度，而不是其他因素，如年龄、性别、收入、饮食习惯、吸烟情况等。他们估计，PM 2.5浓度每增加10微克/立方米，就会使美国所有与污染有关的疾病的年死亡风险增加6%。直到最近，浓度响应函数才被美国环境保护署

---

[1]　死亡率的数据可从 http://ghdx. healthmetricsandevaluation. org / global-burdendisease-study-2010-gbd-2010-data-downloads 获得。根据国家的人口共享数据，这些计算来自 http://un-stats.un.org/unsd/demographic/products/dyb/dyb2.htm。

[2]　与污染相关的基准死亡率是基于所有空气污染对健康影响的研究，包括生物量和自然资源（如风尘和海盐），不包括化石燃料排放。然而，一般来说，其他来源的重要性似乎相对较小（Ostro,2004；Schaap等,2010；Lükewille 和 Viana,2012）。

[3]　鉴于25岁以上人群吸入的污染物在评估中可能会有健康影响，在各国的总人口中，每个国家的吸入因子在25岁以上的人群中首次增加，应用污染-健康关系前的情况随后被讨论。

[4]　要应用这些关系，吸入因子首先要将呼吸率从污染吸入转换为污染暴露（见专栏4-1）。

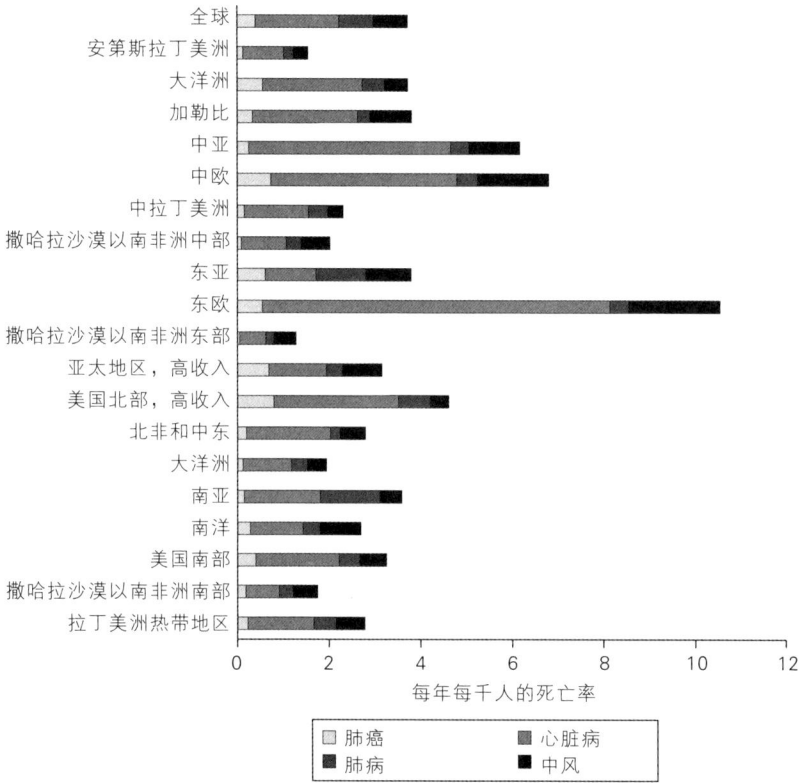

图4-1 2010年各国因污染而恶化的疾病的基准死亡率

注：图中显示了每千人（25岁以上）的死亡率，这些人由于室外空气污染增加了发病率。只有小部分是由污染导致的——即使没有吸入污染，死亡也会发生。

资料来源：作者的计算。

（US EPA）用于监管评估。然而，根据最近的证据（Krewski等，2009；Lepeule等，2012；工业经济整合，2006），美国环境保护署评估表示PM 2.5浓度每增加10微克/立方米，就会使所有与污染有关的疾病的死亡风险增加10.6%（US EPA，2011）。

一个重要的问题是，这些证据均来源于美国，地域变化后PM2.5浓度5微克/立方米～30微克/立方米是否也适用于其他国家或地区。这里所使用的假设是基于对不同地区不同模型运行的4种污染相关疾病的最佳统计拟合，以及其他类型的研究（Burnett等，2013）。最终的结果表明PM2.5浓度每增加10微克/立方米，就会使所有与污染有关的死亡率（全球平均值）增加9.8%。尽管Burnett等（2013）提供了一个更先进的审查有限数量的研究，但是仍然需要更多的研究以提高对污染和死亡率（特别是慢性疾病）之间复杂关系的理解。与此同时，计算健康的影响应非常谨慎。

另一个需要注意的是，有证据表明在存在额外污染暴露可能的死亡风险较大的地区，其污染浓度已经非常高了，但是其产生的影响明显较弱，因为人的身体逐渐对污染变得"饱和"（Burnett等，2013；Goodkind等，2012；健康影响研究所，2013）。换句话说，虽然浓度响应函数在某种程度上近似于线性的污染浓度（不管初始PM2.5浓度水平，增加的PM2.5浓度对死亡率有相同的影响），它最终可能会趋于平缓。也就是说，增加的PM2.5浓度对提高死亡率的影响正在减弱。然而，正如专栏3-3所讨论的，在矫正燃油税的计算中，如果执行有效的税收会对降低污染浓度的区域具有很大的冲击，其浓度响应函数近似线性。

4.2.3　评估死亡风险

健康风险评估是极具争议性的。许多人认为对生活理念实施政策干预是令人不舒服的。尽管如此，政策制定者仍应考虑为这一确切目的制定方法，尽管这些方法暗示着——有些人不愿接受——收入较低的人比收入较高的人更愿意牺牲少量的消费来减少健康风险。

在现实中，人们每天都在做各种各样的决定（例如，在决定是否为更安全的车辆支付额外费用，或者接受更高薪水、更高风险的工作，如清洁摩天大厦的窗户），不断地权衡金钱和死亡风险。经济学研究试图优化这些权衡，并在广泛的国家中得出一致的结论，即随着人均收入的增长，其死亡的风险值会普遍上涨（OECD，2012）。

对死亡风险的评估方法，更准确地说，随着经验证据，以及可能对不同国家的影响，避免过早死亡的价值将在下面讨论。虽然不是所有的政府都会赞同这种做法，但是对替代风险值的矫正燃油税的影响，很容易从当地污染损害的结果和相应的电子表格中推断出来。

1.研究方法

两种截然不同的方法经常被用于评估人们的"支付意愿"，以降低死亡风险。第三种方法——通常不太被经济学家看好，一般是基于评估人力资本的损失，在专栏4-2中讨论。

专栏4-2　　　　　　　　　　　人力资本方法

人力资本评估死亡率风险的方法并没有（不像自愿支付方法）衡量人们对这些风险的估值，而是关注于衡量过早死亡的生产力损失。传统上，这种方法被应用于失去多年的工作年限，以市场工资或人均GDP来衡量一个人的年生产率，以及未来几年的生产率损失。

然而，人力资本方法可能低估了在某些方面过早死亡的全部经济损失。例如，失去的非工作时间的价值（即在退休和闲暇时间工作）经常被排除在外。人们在死亡前的痛苦和对痛苦的估值也被排除在外，对于幸存的家庭成员来说也是如此。因为这些原因，经济学家通常更倾向于选择自愿支付方法。①

"显示偏好"方法使用观察到的市场行为来评估死亡风险值，通常情况下，一个人愿意接受较低的工资来换取低死亡风险的工作（考虑到工作和工人的其他特点）。相比之下，"意向偏好"方法依赖于问卷调查，通常情况下，人们被问到的直接问题是他们对钱和风险的权衡。

根据劳动力市场数据，显示偏好研究的一个潜在缺点是其专注于相对健康、处于平均年龄的工人和在工作场所发生的直接意外死亡。与污染相关的道德风险——主要影响老年人和长期风险暴露的结果——可能会有所不同。

意向偏好研究可以通过选择一个比较有代表性的高危人群的样本回避这些问题。例如，癌症，避免提出是由空气污染造成的。意向偏好研究的主要问题是，假设的调查对象是否会像他们说的那样，在市场上面临风险

---

① 相比之下,世界银行和中国国家环境保护部(2007)的数据显示,中国的空气和水污染的成本比人类资本措施要高大约两倍。

和金钱的权衡时，他们的实际行为是不明确的，即如何准确地描述人们的实际权衡也是个问题。

这两种方法都将重点放在个人（以及对家庭成员的悲伤）与死亡风险之间的成本上，并忽略了由第三方承担的更广泛的成本，如医疗费用。然而，相对于个人死亡风险的价值而言，这些更广泛的成本对个人影响是较小的。例如，当在生命周期的晚期（过早死亡）中回避医疗费用时，较高的短期治疗费用被扣除后，净医疗负担成本可能比较合适。

2.经验证据

在这一分析中所使用的死亡率风险评估的起始值，以及对其他国家的推断，都是基于一项由OECD（2012）负责的广受同行评审的研究。这种推断的差距与全国的人均收入有关，但不是全部，还有如年龄等其他因素，具体原因将在专栏4-3讨论。

专栏4-3   死亡风险估值以外的决定因素

OECD（2012）讨论了几个与非收入相关的因素，这些因素可能导致各国的死亡率估值不同，但在每个案例中得出的结论是，现有证据不足以定论并做出调整。

一方面，老年人应该有较低的支付意愿，以降低死亡率的风险，因为他们有更短的生命。然而，和这一点相反的是，与年轻人相比，他们可能会更富裕，因此有更高的支付意愿，他们想通过财富增加预期寿命。一些研究表明，人们对死亡风险的评估很少或根本没有实际效果，而另一些研究则表明，年龄较大的人对死亡风险的评估有适度的下降（Krupnick，2007；Chestnut、Rowe和Breffle，2004；Alberini等，2004；Hammitt，2007）。在美国，有两个专家组已经对有关年龄的死亡率评估做出了调整（Cropper和Morgan，2007；国家研究理事会，2008），就目前来看，美国环境保护署已放弃了对这些调整的分析。

适用于儿童死亡率的数值是不稳定的，因为对儿童还没有做出显示和意向研究。如上所述，儿童死亡率的损害评估本书没有涉及。

相对于不健康的人，健康的人是否愿意花费更多的财富来延长寿命，同样也是没有定论的（Krupnick 等，2000）。不健康的人可能从生活中获得更少的乐趣，但如果他们也从消费中获得更少的享受，他们可能会愿意放弃更多的消费来延长寿命。不同国家的人可能对消费品和死亡风险之间的偏好也有所不同（也许是因为文化因素），但也没有确凿的证据。此外，对于与污染有关的风险（如癌症风险升高）是否与事故风险有不同的价值，如车祸中立即死亡的风险，也缺乏明确的证据。

降低死亡率风险。在 OECD（2012）中，中心案例的建议是将经合组织国家的死亡风险评估以 2005 年美元不变价为单位，以每笔 300 万美元的价格计算。

"意向偏好"方法已经在很多国家使用，而"显示偏好"方法主要局限在美国使用（有充足的劳动力市场数据）。意向偏好的研究估值往往比显示偏好的研究估值低。因此，可能低估了这里的污染损害。[①]

收入调整。每个国家每个生命的死亡率价值（$V_{country}$）是由经合组织对每个生命的死亡率价值（V_{OECD}）推断出来的。见下面的公式：

$$V_{country} = V_{OECD} \left(\frac{I_{country}}{I_{OECD}} \right)^{\varepsilon} \qquad\qquad 公式（4-2）$$

在公式（4-2）中，$I_{country}$ 和 $V_{country}$ 分别代表一个特定的国家和经合组织的人均实际收入。对于人均收入，是用购买力平价测量的，而不是市场汇率，因为购买力平价需要考虑当地的价格水平，能更准确地反映人们为当地产品支付的收入或减少风险的能力。人均收入的数据来自世界货币基金组织（2013）和世界银行（2013）。

在公式（4-2）中，指数 ε 测量死亡风险值是如何随收入变化的。具体来说，人均实际收入每 1% 的变化都会带来死亡风险值的变化。根据

---

① 为什么意向偏好的研究估值比显示偏好的研究估值低，仍是一个谜。

OECD（2012）的数据，ε 在这个说明计算中假定为 0.8。[①]

对于经合组织提出的 300 万美元的死亡率价值，考虑到通货膨胀（使用经合组织的平均消费价格指数）和实际收入（使用公式（4-2）和经合组织 2010 年与 2005 年人均实际收入的比率）在 2010 年对其进行了更新，得出 V_{OECD} 为 370 万美元。这一数值对于测算其他国家 2010 年的人均实际收入也适用。

一个棘手的问题是如何对边境地区的人们进行死亡风险的评估。为了使其易于处理，假定这些人的死亡风险价值是相同的，因为在该国人群中排放量也可看作是一样的。另一种更具吸引力的方法是用加权平均死亡风险估值，即每个受影响国家的风险估值都是由其来源国排放造成的总死亡人数中所占的比例加权得到的。如果来源国的人均收入相对于邻国较高，这个方法将意味着估计的污染损害较低，反之亦然。然而，两者之间估计排放量的差异不会太大。例如，如果有 40% 的受影响人口居住在其他国家，而这些国家的死亡率比排放来源国低 25%，那么排放损害将比用这种方法降低 10%（虽然不是非常显著）。

3.隐含的死亡风险价值

图 4-2 显示了 20 个选定国家隐含死亡风险价值。美国的死亡风险价值最高，是 490 万美元；在印度、印度尼西亚和尼日利亚，死亡风险价值都不到 100 万美元。再次强调，这些价值只是为了说明，如以下所示，如果所有国家的死亡风险价值都设定在经合组织的平均水平上，那么相对低收入国家的矫正税估计将会大幅度增加。

在这个分析中所用的死亡价值与各国政府研究中所用的死亡价值是不同的。然而，正如表 4-1 中所示的例子，这些差异似乎没有系统性的模式。美国、加拿大和德国在这里使用的价值低于这些国家的政府研究，但反过来也适用于其他情况。无论如何，目的不是要对政府的做法做出判断，而是为了说明目的，获得一组持续估计的跨国死亡率风险值。

---

① Alan Krupnick 是这方面研究的权威专家，推荐 ε 为 0.5，这将大大增加相对低收入国家的污染损害。

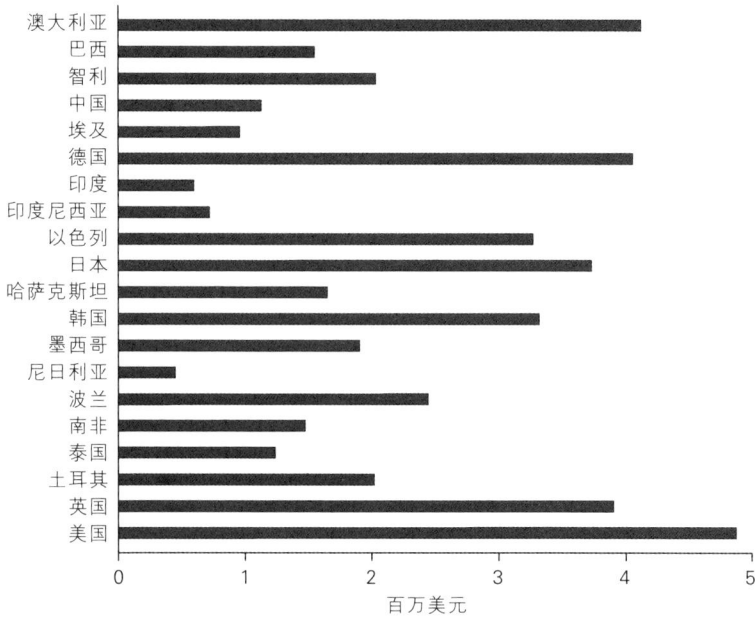

图4-2 2010年各国死亡风险价值

注：图中显示的价值是由污染引起的个人过早死亡的价值。

资料来源：作者的计算。

表4-1 在上届政府的研究中使用的死亡风险估值的例子

国家	死亡风险类型	年份	研究中得到的政府支付的价格		这里使用的价值相于政府价值
			当地货币(千人)	2010年美元(千人)	
澳大利亚	一般	2007	$A 3 500	2 511	1.64
奥地利	交通	2009	€ 2 837	3 382	1.27
加拿大	交通	2006	Can$ 6 110	5 354	0.78
丹麦	交通	2012	DKr 16 070	1 769	2.43
法国	交通	2010	€ 1 360	1 503	2.50
德国	污染	2009	€ 1 000～3 000	1 203～3 608	1.12～30.37
新西兰	交通	2009	$NZ 3 500	2 179	1.54
瑞典	交通	2010	SKr 23 739～31 331	2 558～3 377	1.24～1.64
英国	交通	2000	£ 1 145	2 111	1.85
美国	污染	2006	US$ 7 400	8 007	0.61

资料来源：政府网站和政府官员的个人交流。

4.2.4 空气污染损害评估

本节将讨论每吨排放量对当地空气污染损害的估计（在第6章中将讨论每单位燃料的损害）。附件表4-2提供了排放类型、排放源和国家的全部估计。

图4-3显示了选定国家对燃煤电厂每吨 SO_2 损害的估计。这个损害的估计范围是惊人的。

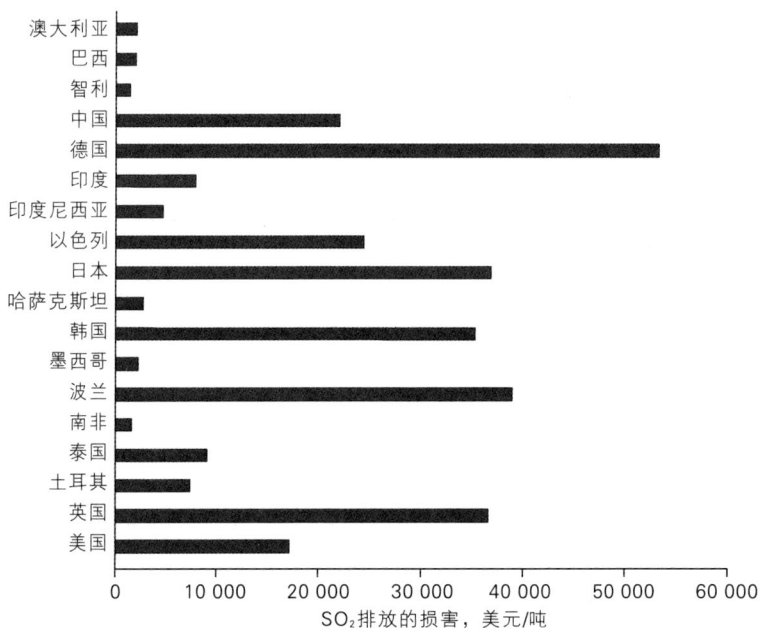

图4-3 2010年各国 SO_2 排放的损害

资料来源：作者的计算。

在美国，损害估计约为 17 000 美元/吨，是一个中间值；在日本、波兰、韩国、英国损害估计都是相当高的（35 000 美元/吨 ~ 39 000 美元/吨）；在德国，损害估计更是高达 53 000 美元/吨，这反映了大量的人口暴露在燃煤电厂的排放中，远远超过了这些国家较低的死亡价值。

相反，由于较低的人口暴露和较低的死亡风险价值相结合的结果，澳大利亚、巴西、智利、哈萨克斯坦、墨西哥和南非的损害估计都有明显的降低（1 500美元/吨～3 000美元/吨）。例如，在澳大利亚，污染排放造成的过早死亡是美国的15%。

在中国，损害估计约为22 000美元/吨。尽管中国的死亡风险价值仅为美国的23%，但是较低的风险价值与6倍的人口暴露量相抵消。[①]

在欧洲国家，煤炭燃烧造成的SO_2损害是最高的，因为欧洲国家的人均收入和人口密度都比较高；在北美、南美、亚洲和大洋洲的一些国家，损害的估值一般都是中等的；在非洲，由于许多国家不使用煤炭，因此数据的收集有限，妨碍了对损害的估计。

燃煤电厂每吨排放PM2.5的损害比排放SO_2的损害高25%。这是一个在各国普遍一致的发现，因此各国之间的SO_2损害的相对模式与此类似。尽管按绝对价值计算，每吨NO_x的排放损害比每吨SO_2排放的损害低20%～50%（主要因为NO_x不易于形成PM2.5），可是不同国家的燃煤电厂排放NO_x的损害也遵循相似的模式。天然气发电厂（只是从当地发电厂）每吨排放NO_x的损害和燃煤电厂每吨排放NO_x的损害是相似的。

图4-4显示了地面NO_x排放的损害（估计用于车辆，但也适用于家庭供暖），其同样有明显的跨国差异。例如，在德国、日本、韩国和美国，估计的损害超过5 000美元/吨；在印度、印度尼西亚、尼日利亚、南非和泰国，估计的损害不到1 000美元/吨。然而，相对差异比发电厂的排放量要小。地面水平的排放倾向于局部集中，因此在城市间平均距离大的国家，如美国、澳大利亚的沿海城市，减少人口暴露的程度要远远低于发电厂的排放量。因此，美国每吨的排放损害更接近德国，而澳大利亚每吨的排放损害更接近典型的欧洲国家如图4-4所示，与图4-3中燃煤电厂排放的相对损害进行比较。

---

① 在SO_2控制政策方面,对中国的调查结果似乎是一个更加复杂的生命评估(Nielsen和Ho,2013)。如果将估计的急性和慢性死亡的减少都归因于SO_2排放的减少,则每千吨减少SO_2排放,将有约25个人生存下来。虽然这是一个夸张的说法,但是有些死亡的避免是由其他污染物的间接减少造成的(Nielsen和Ho谨慎地强调了这些估计的不确定性)。本章的计算显示,在中国,每千吨减少SO_2排放,将有约17个人生存下来。

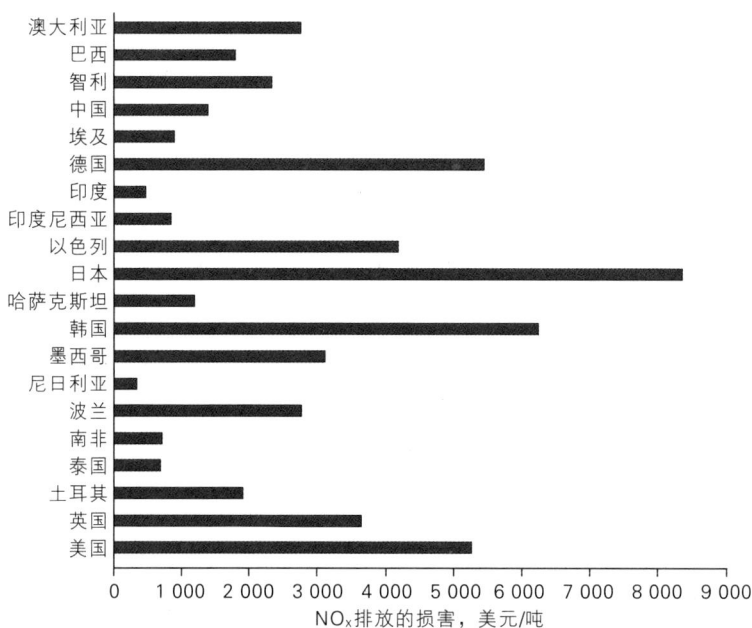

图4-4　2010年各国地面NO$_x$排放的损害

资料来源：作者的计算。

4.2.5　一致性修正

关于污染暴露如何影响健康的假设是基于从全球负担的疾病项目中得到最先进的证据——尽管这方面的证据远未确定——第6章指出了矫正税是如何因死亡率风险的替代价值而变化的。

本节着重讨论与高烟囱排放相关的其他问题。第一个问题是对中国隐含潜在的吸入因子空气污染模型（Zhou等，2006）以及由此推断其他国家吸入因子的合理性。第二个问题是用吸入因子的方法如何以及在何种程度上捕捉到在气象学上的跨国差异及相关因素可能出现误差的损害估计。

这些问题是通过与来自TM5-FASST的吸入因子方法比较的结果来检验的。[1]

———————————

[1]　Nicholas Muller的书使用这个工具进行了模拟。

这个工具（见附件 4-3）提供了一种简化的描述，说明不同区域的污染浓度如何变化以应对额外的排放，并将这些变化与人口暴露和健康影响联系起来。选择空气质量模型成分的参数，使其与联合国环境规划署开发的一种高度复杂的区域空气污染模型相一致（UNEP，2011）。

不同于吸入因子方法，由于气象、氨浓度和其他相关因素，用 TM5-FASST 得出的损害估值存在地区差异。然而，人口暴露估计的平均范围过大——全球被分为 51 个区域——这低估了人口暴露的数值，可能是由于发电厂周围的人口密度高于平均水平区域。[①] 在可能的范围内，将其他数据，特别是基于区域和疾病的基准死亡率输入到 TM5-FASST 中，额外的 PM2.5 暴露对死亡率的影响，以及当地对死亡风险的评估——同吸入因子方法大致是一致的，便于得出一个清晰的对比结果。

关于 Zhou 等（2006）空气污染模型的合理性，TM5-FASST 估计对于中国每吨 SO_2 排放的损害约为 12 000 美元，或许比 Zhou 等（2006）用吸入因子方法估计的损害超过一半。这些差异的影响反映在刚才提到的人口暴露的差异，还有一些差异来源于对空气质量假设的差异。不幸的是，我们不可能对哪种空气质量模型是更现实的做出明确的判断。

关于气象问题，图 4-5 和图 4-6 显示了分别来自吸入因子方法和 TM5-FASST 的选定国家每吨 SO_2 排放的损害相对于中国每吨的损害。这意味着，在一定程度上，对于一些国家用不同的方法产生的结果是不同的，这表明气象因素在这些国家和中国发挥了潜在的、重要的作用。对于其他国家来说，这似乎不是主要的问题。例如，这两种方法表明日本每吨的损害比中国高 62% ~ 67%，而美国每吨的损害比中国低 22% ~ 24%。但也有一些国家例外，如以色列、波兰和英国的相对损害，用吸入因子方法比用 TM5-FASST 高很多，[②] 而泰国和土耳其的情况正好相反。总之，在某些情况

---

① 例如，一个区域是中国，另一个区域是美国，还有一个区域结合了安哥拉、博茨瓦纳、马拉维、莫桑比克、纳米比亚、赞比亚和津巴布韦。

② 一种可能的解释是，从西向东吹来的风将部分的污染从这些人口密集的国家转移到人口密度较低的国家（如斯堪的纳维亚和乌克兰），这种情况在图 4-6 中被考虑到，但在图 4-5 中却没有被考虑到。

下，气象因素可以显著地改变损害估计，这些影响的信号和规模因国而异。

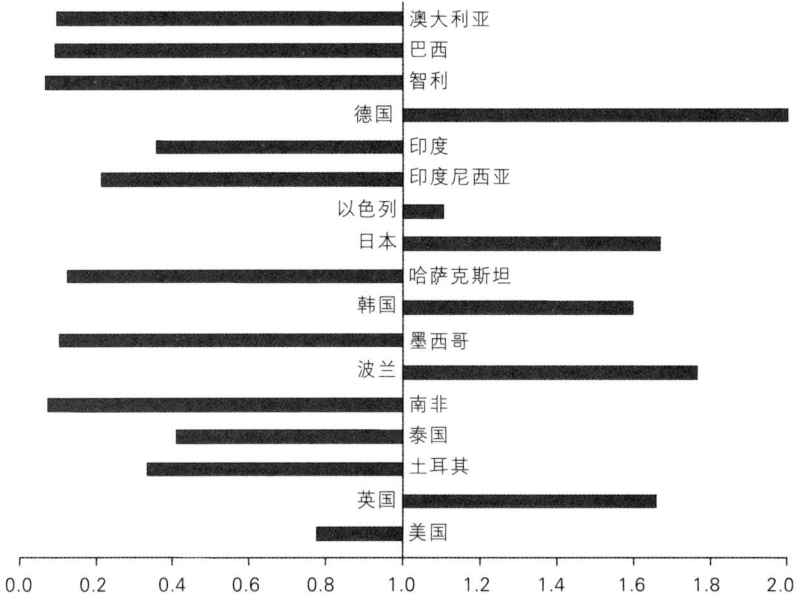

图4-5　使用吸入因子方法估计2010年相对于中国的SO_2损害

资料来源：作者的计算。

4.2.6　单位燃料损害

为了评估燃料使用的有效税收，每吨排放的损害需要用适当的排放因子转化为每单位燃料或每单位能源的损害。这些因子与排放物有关，如SO_2，释放到空气中被氧化为一个特殊的燃料；天然气，也会有特定的活动，如发电。温室气体和空气污染的相互作用和协同效应（GAINS）模型，由国际应用系统分析研究所（IIASA）开发，用于估计这些因素。[1]更多细节见专栏4-4。

---

① 对于GAINS模型的信息，参见http://gains.iiasa.ac和IIASA（2013）。在计算所有排放因素时得对Fabian Wagner给予充分的感谢。

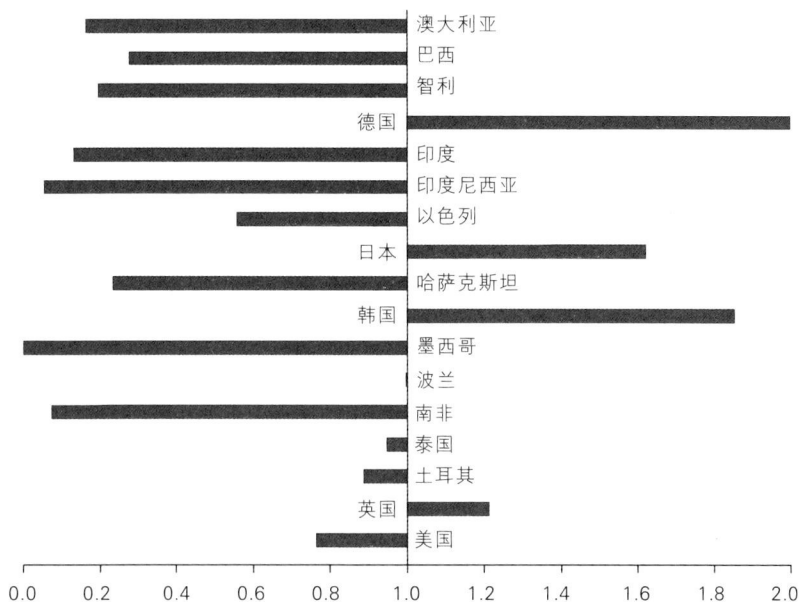

图4-6 使用TM5-FASST估计2010年相对于中国的SO₂损害

资料来源: 作者的计算。

专栏4-4 从GAINS模型得到排放因子

温室气体和空气污染的相互作用和协同效应（GAINS）模型估计了国家特定的排放因子，用于不同的经济行业使用的不同化石燃料。据估计，燃料输入的每拍焦耳（热容量）的污染物含量为千吨，尽管它们还可以用每单位重量或体积的排放量表示（通过使用GAINS数据将每单位重量或体积的热量相乘）。可以用两种计算方法表示：

第一，无条件排放因子（表示为EFᵤ）是由燃料的基本属性和燃烧的过程（Amann等，2011；Cofala和Syri，1998a，1998b；Klimont等，2002）计算出来的。例如，定义SO₂的排放量，排放因素的计算方法是：

$$EF_U = \frac{sc}{hv} \times (1-sr) \qquad\qquad 公式（4-3）$$

在公式（4-3）中，sc 是每单位重量的硫含量；hv 是每单位重量的热值；sr 是硫保留分数（硫的一部分被保留在灰烬中而不是释放到空气中）。

第二，各种受控排放因子（表示为 EF_c）更适用于一个减排技术的排放源的计算（如减少 NO_x 排放的特定类型的洗涤器或更热的锅炉），见下面公式：

$$EF_c = EF_u \times (1 - re_t)$$ 公式（4-4）

在公式（4-4）中，re_t 表示被减弱排放的分数（否则将被释放到空气中），作为 t 技术的结果。基于具体规定（如技术任务、排放率标准）的存在和实施，GAINS 计算了受控排放因素。GAINS 可以被用于计算三个排放因子：可控的平均排放源（考虑到替代控制技术 t 的潜在的应用率）、不可控的平均排放源和非受控的排放率。

GAINS 方法得到的数据可以用于一些国家的详细计算，另一方面，还可以被用来判断那些不能直接得到数据的国家。

燃煤排放因子（CO_2、SO_2、NO_x 和 PM2.5）被定义为相对于能量或热量的内容用拍焦（PJ）表示，而不是煤炭的重量，在不同种类的煤炭能量方面有重大的变化。在相关的情况下，这些因素的表现将会是不同煤炭类型的加权——在这些情况下，将会针对特定的煤炭类型出现一个较为精细的系统评估价值。

碳排放是一个排放因素，因为在燃烧的时候减少排放的机会是非常有限的。对燃煤电厂的空气污染物来说，每一种污染物的排放都有三个不同的排放因素：首先是失控的排放率；其次是具有某种排放控制技术的、具有代表性的燃煤电厂的排放率（如 SO_2 洗涤器）；最后是所有现有的燃煤电厂使用和不使用排放控制技术的平均排放率。对于现在使用和不使用排放控制技术的燃煤电厂，这些因素被用于估计三种不同的税收，目前的燃煤电厂有强烈的意愿使用排放控制技术。在每一种情况下，矫正税是一种污染物所有因素的产物和每吨污染物的所有损害。

类似的步骤用于获得天然气的排放因子和矫正税。对于燃煤电厂来说，当地的空气污染损害相对小于燃煤的损害，重点是所有使用和没有使用控制技术的电厂，而家庭使用天然气只与没有使用控制技术有关。损害价值和矫正税也用每单位能源表示，因为每单位体积的排放量随着气体压力的不同会有很大的变化。

对于移动源，每升 CO_2，SO_2、NO_x 和 PM2.5 的排放因子从汽油汽车和柴油汽车（后者又分轻型和重型柴油车两种）中获得，也是使用和没有使用排放控制技术的平均情况（燃油税本身并不鼓励采用排放控制技术）。

关于排放因子有几个值得注意的地方：

第一，各国特定燃料的碳排放变化很小。然而，燃料产品本身变化显著：天然气、汽油和柴油发动机产生的每拍焦耳的能源分别是煤炭产生的碳排放物每拍焦耳能源的59%、73%和78%。

第二，煤炭非受控制的、平均的、受控制的 SO_2 排放因子在国内和各国的变化很大，如图4-7所示。例如，日本燃煤电厂在没有使用控制技术的情况下，其每拍焦耳 SO_2 排放率是美国燃煤电厂的30%，而以色列的排放率比美国高70%左右。因此，控制技术可以显著减少排放。例如，美国燃煤电厂在使用控制技术的情况下，SO_2 的排放率比没有使用控制技术的排放率低95%。PM2.5的排放率同 SO_2 的排放率相似，但是使用控制技术对于减少污染还会产生更多的影响。

第三，燃煤电厂没有使用控制技术的 NO_x 排放率和地面源的排放率不同（取决于燃烧问题，这可能会影响氮和氧从周围空气的吸入量），但差异并不是太大。

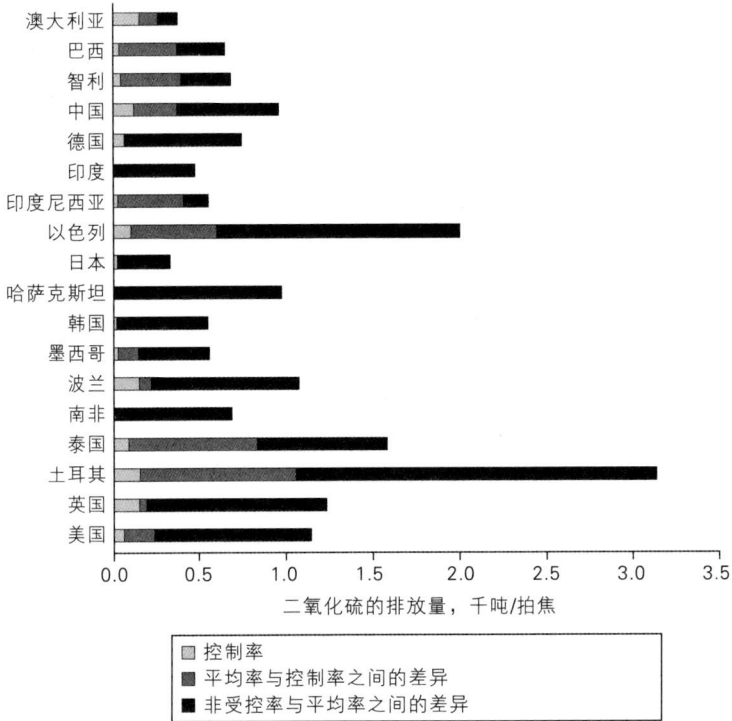

图 4-7　2010 年各国燃煤电厂的 SO_2 排放率

注：控制率是采取受控技术的电厂的平均排放因子。非受控率是没有采取受控技术的电厂的平均排放因子。平均率是采取受控技术和没有采取受控技术的电厂的平均速率。对于一些国家（如印度、南非）2010 年没有采用硫控制技术。在德国，平均率和控制率是相同的，因为所有电厂都已经采用控制技术。

资料来源：作者的计算。

4.3　小　结

二氧化碳损害说明性的数值来自最近的一个研究，尽管这个数值具有很大的争议。

为评估煤炭和天然气燃烧所造成的空气污染的损害，我们估算了这些排放（可长距离输送的）的平均人口暴露程度，并统筹考虑了与污染相关疾病导致当地死亡率的数据，以及污染暴露是如何影响这些死亡率变化的证据。最有争议的步骤是货币化这些健康影响，从OECD（2012）中可能推断出这些影响，尽管从结果上来看，替代假设的含义是显而易见的。从汽车燃料和其他地面资源的污染估算中，我们可以从不同城市中心的人们吸入多少污染物的研究中得出结论。然后，将这些污染损害估算与当地不同燃料的排放因素的数据结合起来，从而从燃料的使用（尽管在使用控制技术的程度上，排放率变化很大）中得出燃料所造成的环境损害。

附件4-1　死亡率的区域分级

通过将四种与污染相关的疾病的区域平均死亡率同国家层面的人口年龄结构的数据相结合，得出基准死亡率。区域死亡率数据来自Burnett等（2013），并对国家及地区按照区域分级，显示在附件表4-1中。

附件表4-1　　　　　国家分类基准，污染造成的死亡率

亚太地区，高收入	澳大拉西亚	欧洲，西部	拉丁美洲，安第斯	非洲，中部	非洲，西部
文莱	澳大利亚	安道尔	玻利维亚	安哥拉	贝宁
日本	新西兰	奥地利	厄瓜多尔	中非	布基纳法索
韩国		比利时	秘鲁	刚果民主共和国	科特迪瓦
新加坡	**大洋洲**	瑞士		刚果共和国	佛得角
	斐济	塞浦路斯	**拉丁美洲，中部**	加蓬	喀麦隆
亚洲，中部	密克罗尼西亚	德国	哥伦比亚	赤道几内亚	乍得
亚美尼亚	基里巴斯	丹麦	哥斯达黎加		加纳
阿塞拜疆	马绍尔群岛	西班牙	危地马拉	**非洲，东部**	几内亚
格鲁吉亚	巴布亚新	芬兰	洪都拉斯	布隆迪	冈比亚
哈萨克斯坦	几内亚	法国	墨西哥	科摩罗	几内亚比绍
吉尔吉斯斯坦	所罗门群岛	英国	尼加拉瓜	吉布提	利比里亚
蒙古国	汤加	希腊	巴拿马	厄立特里亚	马里
塔吉克斯坦	瓦努阿图	爱尔兰	萨尔瓦多	埃塞俄比亚	毛里塔尼亚

续表

土库曼斯坦	萨摩亚	冰岛	委内瑞拉	肯尼亚	尼日尔
乌兹别克斯坦		以色列		马达加斯加	尼日利亚
	欧洲，中部	意大利	**拉丁美洲，南部**	莫桑比克	塞内加尔
亚洲，东部	阿尔巴尼亚	卢森堡	阿根廷	毛里求斯	塞拉利昂
中国	保加利亚	马耳他	智利	马拉维	圣多美和普林西比
朝鲜	波斯尼亚和黑塞哥维那	荷兰	乌拉圭	卢旺达	多哥
中国台湾地区	捷克	挪威		苏丹	
	克罗地亚	葡萄牙	**拉丁美洲，安第斯**	索马里	
亚洲，南部	匈牙利	瑞典	巴西	塞舌尔	
阿富汗	马其顿		巴拉圭	坦桑尼亚	
孟加拉国	黑山	**北美，高收入**		乌干达	
不丹	波兰	加拿大	中东和北非	赞比亚	
印度	罗马尼亚	美国	阿拉伯联合酋长国		
尼泊尔	塞尔维亚		巴林	**非洲，南部**	
巴基斯坦	斯洛伐克共和国	**加勒比**	阿尔及利亚	博茨瓦纳	
	斯洛文尼亚	安提瓜和巴布达	埃及	莱索托	
亚洲，东南部		巴哈马	伊朗	纳米比亚	
印度尼西亚	**欧洲，东部**	伯利兹	伊拉克	斯威士兰	
柬埔寨	白俄罗斯	巴巴多斯	约旦	南非	
老挝	爱沙尼亚	古巴	科威特	津巴布韦	
斯里兰卡	立陶宛	多米尼克	黎巴嫩		

续表

马尔代夫	拉脱维亚	多米尼加共和国	利比亚		
缅甸	摩尔多瓦	格林纳达	摩洛哥		
马来西亚	俄罗斯	圭亚那	阿曼		
菲律宾	乌克兰	海地	巴勒斯坦		
泰国		牙买加	卡塔尔		
东帝汶		圣卢西亚	沙特阿拉伯		
越南		苏里南	叙利亚		
		特立尼达和多巴哥	突尼斯		
		圣文森特和格林纳丁斯	土耳其		
			也门		

资料来源：Burnett等（2013）。

附件4-2 排放和国家造成的空气污染损害

附件表4-2按国家及地区总结了估算的不同排放类型和排放来源造成的空气污染损害。

附件表4-2　　　　2010年全球各国当地空气污染损害　　　　单位：美元/吨

国家/地区	SO$_2$			NO$_2$			主要细颗粒物		
	煤炭	天然气	参考值	煤炭	天然气	参考值	煤炭	天然气	参考值
北美									
加拿大	3 908	8 994	13 284	2 757	5 917	2 712	4 887	11 480	34 9161
墨西哥	2 240	3 599	7 704	1 797	2 179	1 575	2 700	4 416	203 680
美国	17 132	18 978	17 005	12 472	12 092	3 468	21 402	23 294	445 484
中南美洲									
阿根廷	8 328	4 928	7 553	3 475	2 375	1 532	10 420	6 167	193 736

续表

国家/地区	SO₂			NO₂			主要细颗粒物		
	煤炭	天然气	参考值	煤炭	天然气	参考值	煤炭	天然气	参考值
巴巴多斯岛	#na	26 387	**#na**	#na	12 166	**#na**	#na	33 014	**#na**
玻利维亚	#na	343	355	#na	237	73	#na	410	9 624
巴西	2 004	4 293	5 013	1 492	2 401	1 021	2 626	5 258	130 726
智利	1 409	1 989	7 057	1 029	1 185	1 434	1 730	2 482	182 276
哥伦比亚	1 867	1 648	6 180	1 162	1 084	1 265	2 307	2 047	164 342
哥斯达黎加	**#na**	#na	2 316	**#na**	#na	477	**#na**	#na	63 036
古巴	**#na**	4 447	3 627	**#na**	3 033	743	**#na**	5 293	96 420
多米尼加共和国	3 007	**#na**	3 475	1 694	**#na**	714	3 713	**#na**	93 597
厄瓜多尔	#na	748	721	#na	454	148	#na	915	19 505
萨尔瓦多	#na	#na	696	#na	#na	143	#na	#na	18 949
危地马拉	882	#na	417	501	#na	87	1 076	#na	11 721
洪都拉斯	**#na**	#na	936	**#na**	#na	194	**#na**	#na	26 190
牙买加	**#na**	#na	1 617	**#na**	#na	336	**#na**	#na	45 210
尼加拉瓜	**#na**	560	265	**#na**	374	55	**#na**	665	7 338
巴拿马	1 560	#na	1 581	1 079	#na	324	2 031	#na	42 080
巴拉圭	#na	#na	825	#na	#na	170	#na	#na	22 594
秘鲁	359	1 415	2 435	290	593	498	447	1 767	64 499
圣文森特和格林纳丁斯群岛	#na	#na	**#na**	#na	#na	**#na**	#na	#na	**#na**
苏里南	#na	#na	649	#na	#na	133	#na	#na	17 461
特立尼达和多巴哥	#na	2 883	**#na**	#na	1 997	**#na**	#na	3 553	**#na**
乌拉圭	**#na**	3 151	2 184	**#na**	2 163	443	**#na**	3 773	55 994
委内瑞拉	**#na**	2 027	4 000	**#na**	1 203	811	**#na**	2 575	102 981
欧洲									

续表

国家/地区	SO$_2$			NO$_2$			主要细颗粒物		
	煤炭	天然气	参考值	煤炭	天然气	参考值	煤炭	天然气	参考值
阿尔巴尼亚	#na	#na	4 927	#na	#na	1 023	#na	#na	137 666
奥地利	41 004	41 889	12 951	31 812	31 666	2 664	51 736	53 150	350 052
比利时	53 017	51 863	10 883	34 613	34 243	2 201	64 698	63 189	276 234
波斯尼亚和黑塞哥维那	#na	#na	5 556	#na	#na	1 157	#na	#na	156 869
保加利亚	23 980	#na	7 536	19 472	#na	1 545	28 991	#na	201 479
克罗地亚	35 046	35 676	10 533	28 197	27 410	2 179	44 610	45 720	290 953
塞浦路斯	#na	#na	2 232	#na	#na	458	#na	#na	59 950
捷克共和国	56 034	55 308	9 670	40 836	41 184	1 982	69 818	68 676	258 025
丹麦	26 136	26 025	6 276	20 048	19 993	1 277	34 589	34 627	162 816
芬兰	14 814	16 035	10 786	12 152	12 711	2 198	17 739	19 320	281 719
法国	33 555	37 779	15 908	24 511	27 670	3 239	41 725	46 003	414 075
德国	53 192	56 125	20 082	35 624	36 603	4 115	65 936	69 514	535 454
希腊	20 699	20 734	8 028	16 843	16 213	1 657	25 562	25 570	219 970
匈牙利	41 057	40 925	11 070	30 712	30 608	2 275	51 744	51 840	298 250
冰岛	#na	#na	3 855	#na	#na	781	#na	#na	98 626
爱尔兰	12 897	18 828	4 991	10 468	14 585	1 030	16 217	22 833	136 535
意大利	26 627	31 596	13 346	20 905	22 958	2 744	33 654	40 278	360 129
卢森堡	#na	86 775	#na	#na	65 283	#na	#na	10 443	#na
马其顿	16 736	17 560	5 832	13 541	14 096	1 206	20 686	21 656	160 515
马尔他	#na	#na	#na	#na	#na	#na	#na	#na	#na
黑山共和国	21 031	#na	4 205	17 103	#na	867	26 405	#na	114 743
荷兰	53 065	50 535	13 357	35 421	34 581	2 723	65 304	62 168	349 477
挪威	#na	17 667	35 210	#na	14 920	7 194	#na	23 495	928 330

国家/地区	SO$_2$			NO$_2$			主要细颗粒物		
	煤炭	天然气	参考值	煤炭	天然气	参考值	煤炭	天然气	参考值
波兰	38 887	35 828	9 468	28 429	27 749	1 955	49 082	45 043	259 582
葡萄牙	12 221	12 533	6 383	9 265	9 355	1 318	14 755	15 177	175 156
罗马尼亚	26 813	27 895	7 995	21 377	21 041	1 659	33 293	34 439	223 169
塞尔维亚	24 142	24 194	6 728	18 319	18 274	1 393	30 381	30 841	186 463
斯洛伐克共和国	42 444	46 050	7 275	32 616	33 770	1 508	53 469	58 463	202 158
斯洛文尼亚	52 466	52 388	10 936	39 744	39 419	2 273	67 044	66 807	307 217
西班牙	16 871	19 270	19 055	13 364	14 498	3 897	20 852	23 980	504 326
瑞典	17 058	19 702	16 370	13 005	15 757	3 333	21 281	25 956	426 238
瑞士	#na	46 015	11 919	#na	34 809	2 443	#na	57 827	317 909
土耳其	7 341	9 611	5 264	5 746	6 507	1 081	9 146	11 858	141 362
英国	36 577	40 069	12 325	22 857	27 378	2 518	45 415	48 658	324 687
欧亚大陆									
亚美尼亚	#na	7 411	3 020	#na	5 584	622	#na	9 156	82 228
阿塞拜疆	#na	8 462	3 498	#na	6 417	726	#na	10 520	97 516
白俄罗斯	#na	26 576	15 038	#na	21 381	3 080	#na	33 671	400 285
爱沙尼亚	#na	28 605	8 435	#na	22 914	1 733	#na	34 958	226 999
格鲁吉亚	#na	6 049	2 762	#na	4 613	573	#na	7 525	77 102
哈萨克斯坦	2 668	6 107	3 104	2 225	5 306	644	3 184	7 588	86 461
吉尔吉斯斯坦	1 934	#na	654	1 518	#na	137	2 328	#na	19 010
拉脱维亚	23 252	28 935	10 572	19 784	23 459	2 174	29 743	36 413	285 607
立陶宛	#na	34 985	13 522	#na	27 769	2 782	#na	44 700	365 862
俄罗斯	17 562	22 105	32 383	12 508	14 317	6 637	21 525	27 714	863 732
塔吉克斯坦	#na	#na	418	#na	#na	88	#na	#na	12 393
土库曼斯坦	#na	5 775	1 632	#na	4 770	340	#na	6 978	46 015

国家/地区	SO₂			NO₂			主要细颗粒物		
	煤炭	天然气	参考值	煤炭	天然气	参考值	煤炭	天然气	参考值
乌克兰	17 851	16 728	6 377	13 593	12 690	1 311	22 086	20 497	171 913
乌兹别克斯坦	3 451	2 797	659	2 552	2 162	138	4 175	3 359	19 116
中东									
巴林	#na	7 161	2 451	#na	5 303	498	#na	8 563	63 360
伊朗	**#na**	5 066	3 956	**#na**	3 694	813	**#na**	6 171	106 587
伊拉克	#na	1 171	857	#na	877	176	#na	1 482	23 197
以色列	24 369	24 926	11 652	15 717	15 759	2 364	29 482	30 226	299 185
约旦	#na	2 429	1 113	#na	1 643	227	#na	2 975	29 144
科威特	#na	**#na**	9 771	#na	**#na**	1 976	#na	**#na**	247 625
黎巴嫩	**#na**	7 253	2 080	**#na**	4 753	423	#na	9 202	53 922
阿曼	#na	7 088	3 095	#na	6 022	634	**#na**	8 028	82 631
卡塔尔	#na	16 731	7 246	#na	13 738	1 465	#na	19 600	183 468
沙特阿拉伯	#na	4 895	4 651	#na	3 641	949	#na	60 108	121 849
叙利亚	**#na**	2 829	1 404	**#na**	1 864	291	#na	3 612	38 929
阿联酋	#na	6 431	3 019	#na	4 845	615	#na	7 578	78 782
非洲									
阿尔及利亚	**#na**	3 442	1 834	**#na**	2 381	376	**#na**	4 242	49 099
安哥拉	#na	465	1 320	#na	312	273	#na	567	36 392
贝宁	#na	#na	75	#na	#na	16	#na	#na	2 122
博茨瓦纳	1 007	656	680	798	556	140	1 238	879	18 629
布基纳法索	#na	#na	68	#na	#na	14	#na	#na	2 027
布隆迪	#na	#na	16	#na	#na	3	#na	#na	494
佛得角	#na	312	419	#na	254	87	#na	391	11 732
喀麦隆	#na	#na	#na	**#na**	#na	**#na**	#na	#na	**#na**

国家/地区	SO₂			NO₂			主要细颗粒物		
	煤炭	天然气	参考值	煤炭	天然气	参考值	煤炭	天然气	参考值
中非共和国	#na	#na	130	#na	#na	27	#na	#na	3 745
科摩罗	#na	#na	**#na**	#na	#na	**#na**	#na	#na	**#na**
刚果	#na	66	87	#na	52	18	#na	77	2 378
科特迪瓦	#na	312	289	#na	197	60	#na	391	8 096
埃及	**#na**	5 288	1 912	**#na**	2 764	399	**#na**	6 460	54 506
埃塞俄比亚	#na	#na	70	#na	#na	15	#na	#na	2 114
冈比亚	#na	#na	73	#na	#na	15	#na	#na	2 017
加纳	#na	270	117	#na	197	24	#na	344	3 273
几内亚比绍	#na	#na	81	#na	#na	17	#na	#na	2 315
肯尼亚	#na	234	90	**#na**	173	19	**#na**	289	2 683
利比里亚	#na	#na	171	#na	#na	35	#na	#na	4 814
利比亚	#na	2 470	1 296	#na	1 942	265	#na	2 952	34 272
马达加斯加	**#na**	#na	81	**#na**	#na	17	**#na**	#na	2 371
马拉维	**#na**	148	38	**#na**	91	8	**#na**	#na	1 164
马里	#na	#na	56	#na	#na	12	#na	#na	1 621
毛里求斯	438	#na	**#na**	206	#na	**#na**	545	#na	**#na**
摩洛哥	1 540	1 762	1 563	930	1 085	324	1 901	2 167	43 251
莫桑比克	#na	#na	44	#na	#na	9	#na	#na	1 303
纳米比亚	202	#na	281	167	#na	59	233	#na	8 111
尼日尔	**#na**	#na	28	**#na**	#na	6	**#na**	#na	844
尼日利亚	**#na**	714	535	**#na**	425	111	**#na**	887	15 051
卢旺达	#na	#na	51	#na	#na	11	#na	#na	1 545
圣多美和普林西比	#na	#na	**#na**	#na	#na	**#na**	#na	#na	**#na**
塞内加尔	134	#na	112	71	#na	23	164	#na	3 188

国家/地区	SO₂			NO₂			主要细颗粒物		
	煤炭	天然气	参考值	煤炭	天然气	参考值	煤炭	天然气	参考值
塞舌尔	#na	#na	#na	#na	#na	#na	#na	#na	#na
塞拉利昂	#na	#na	68	#na	#na	14	#na	#na	1 959
南非	1 602	2 550	1 690	1 031	1 219	349	1 905	3 154	46 284
苏丹	#na	207	100	#na	171	21	#na	239	2 934
斯威士兰	**#na**	#na	**#na**	**#na**	#na	**#na**	**#na**	#na	**#na**
坦桑尼亚	**#na**	175	116	**#na**	115	24	**#na**	221	3 429
多哥	#na	272	44	#na	187	9	#na	345	1 261
突尼斯	#na	3 925	1 834	#na	2 952	378	#na	4 758	49 730
乌干达	#na	#na	44	#na	#na	9	#na	#na	1 340
赞比亚	#na	#na	84	#na	#na	18	#na	#na	2 430
津巴布韦	51	#na	50	41	#na	10	65	#na	1 435
亚洲和大洋洲									
阿富汗	#na	866	186	**#na**	642	39	**#na**	1 077	5 545
澳大利亚	2 098	2 136	9 220	1 129	900	1 873	2 632	2 698	238 099
孟加拉	6 057	6 131	1 757	4 082	3 757	371	7 181	7 430	51 932
不丹	**#na**	#na	**#na**	**#na**	#na	**#na**	**#na**	#na	**#na**
文莱	#na	10 797	**#na**	#na	9 274	**#na**	#na	12 225	**#na**
柬埔寨	**#na**	#na	486	**#na**	#na	103	**#na**	#na	14 655
中国	22 045	25 577	4 422	15 530	16 605	920	27 609	32 238	124 441
斐济	#na	#na	**#na**	#na	#na	**#na**	#na	#na	**#na**
中国香港地区	82 580	72 288	**#na**	53 207	49 085	**#na**	103 759	91 246	**#na**
印度	7 833	6 837	1 093	5 683	4 762	230	9 773	8 549	32 075
印尼	4 617	5 627	2 159	2 492	2 699	449	5 636	6 936	60 669
日本	36 786	47 176	31 548	24 230	24 772	6 405	44 381	57 309	812 178

续表

国家/地区	SO₂			NO₂			主要细颗粒物		
	煤炭	天然气	参考值	煤炭	天然气	参考值	煤炭	天然气	参考值
基里巴斯	#na	#na	**#na**	#na	#na	**#na**	#na	#na	**#na**
韩国	35 228	34 688	20 862	25 439	25 375	4 253	46 054	45 507	545 623
马来西亚	6 525	6 104	4 028	4 360	4 273	826	7 891	7 406	107 824
马尔代夫	#na	#na	**#na**	#na	#na	**#na**	#na	#na	**#na**
蒙古国	3 138	#na	2 253	2 736	#na	463	3 498	#na	60 870
新西兰	1 568	1 296	2 508	479	396	510	1 981	1 637	65 153
巴基斯坦	2 254	2 902	630	1 698	2 075	132	2 942	3 663	18 290
巴布亚新几内亚	#na	**#na**	91	#na	**#na**	19	#na	**#na**	2 777
菲律宾	3 372	4 426	1 393	1 969	2 246	290	4 053	5 377	39 237
萨摩亚	#na	#na	**#na**	#na	#na	**#na**	#na	#na	**#na**
新加坡	#na	21 698	42 652	#na	13 439	8 617	#na	27 223	1 077 044
斯里兰卡	4 262	#na	410	3 258	#na	87	5 068	#na	12 500
中国台湾地区	46 892	49 692	#na	35 615	36 445	#na	59 253	63 012	#na
泰国	9 036	9 067	2 013	6 941	6 087	423	10 886	11 105	58 683
越南	5 823	3 274	1 416	4 060	2 028	298	7 243	3 989	41 622

注：表格显示了三种污染物对当地污染健康损害的估算，根据排放是否源自电厂的煤炭、天然气燃烧，或地表的天然气和机动车燃料消耗。粗体#na=数据缺失；其他#na=燃料未被使用。

资料来源：参见主要章节。

附件4-3　关于TM5-FASST工具的细节

用TM5-FASST估算每吨不同类型排放物在若干阶段的空气污染损害。

首先，四种与污染相关疾病的基准死亡率按照区域计算，根据公式（4-5）。

$$RR(PM2.5) = 1 + \alpha \times \Delta PM2.5 \qquad\qquad 公式（4-5）$$

RR 表示一种与基准案例相关的特殊疾病（连同当前人口密度水平）

的过早死亡风险。RR-1是由此造成的相关风险的比例变化。ΔPM2.5浓度是相对初始状态的变化。α是四种污染相关疾病中每一种与Burnett等（2013）的证据相一致而单独校正的参数。

过早死亡的变化对应PM2.5浓度变化见公式（4-6）。

$$(RR - 1) \times \text{mortality rate} \times \text{population}$$　　　　　　　公式（4-6）

其中，死亡率为基准率，人口为暴露人口（大于等于25岁）。人口数据和死亡率数据来自健康计量和评估机构（IHME）。在本章中讨论的数值相同的死亡被用来货币化。

其次，将来自一种特定来源的SO₂排放量加入进来，并通过一个关联所有排放源对应PM2.5浓度的空气质量模型，在模型的51个不同区域进行处理。在TM5-FASST中空气质量模型是联合国环境项目（2011）中一个较为复杂的空气质量模型的简化版本。然后，利用每个区域PM2.5浓度的变化计算基于公式（4-5）和公式（4-6）的过早死亡的变化，并且对结果进行了货币化。

平均比对本章涉及的20个国家，SO₂造成的损害是17 640美元/吨。在本章讨论了与那些使用吸入因子方法相关的个别国家的估值。

作为对上述结果的检查，通过公式（4-7），采用可替换的规范对相关风险进行了模拟。

$$RR\,(PM2.5) = 1 + \alpha\,(1 - e^{-\gamma \Delta PM2.5^{\delta}})$$　　　　　　　公式（4-7）

其中，参数α、γ、δ根据四种疾病中每一种与Burnett等（2013）的证据相一致而进行校正。尽管如此，结果仅受适度影响。例如，比对20个国家SO₂造成的平均损害，仅比使用线性函数小15%。

参考文献

Alberini, Anna, Maureen Cropper, Alan Krupnick, and Nathalie B. Simon (2004) 'Does the Value of a Statistical Life Vary with Age and Health Status? Evidence from the US and Canada', Journal of Environmental Economics and Management, 48: 92-769.

Amann, Markus, Imrich Bertok, Jens Borken-Kleefeld, Janusz Cofala, Chris Heyes, Lena Hoglund-Isaksson, Zbigniew Klimont, and others (2011) 'Cost-Effective Control of Air Quality and Greenhouse Gases in Europe: Modeling and Policy Applications', Environmental Modelling and Software, 26: 501-1489.

Apte, Joshua S., Emilie Bornbrun, Julian D. Marshall, and William W. Nazaroff (2012) 'Global Intraurban Intake Fractions for Primary Air Pollutants from Vehicles and Other Distributed Sources', Environmental Science & Technology, 46: 23-3415.

Bennett, D.H., T.E. McKone, J.S. Evans, W.W. Nazaroff, M.D. Margni, O. Jolliet, and K.R. Smith (2002) 'Defining Intake Fraction', Environmental Science & Technology, 36 (9): 16-207.

Bosetti, Valentina, Sergey Paltsev, John Reilly, and Carlo Carraro (2012) 'Emissions Pricing to Stabilize Global Climate', in Fiscal Policy to Mitigate Climate Change: A Guide for Policymakers, edited by I.W.H. Parry, R.de Mooij, and M.Keen. Washington: International Monetary Fund.

Burnett, Richard T., C. Arden Pope, Majid Ezzati, Casey Olives, Stephen S. Lim, Sumi Mehta, Hwashin H. Shin, et al (2013) An Integrated Risk Function for Estimating the Global Burden of Disease Attributable to Ambient Fine Particulate Matter Exposure. Unpublished; Ottawa, Ontario, Canada: Health Canada.

Chestnut, L.G., R.D. Rowe, and W.S. Breffle (2004) 'Economic Valuation of Mortality Risk Reduction: Stated Preference Approach in Canada', Report prepared for Health Canada. Boulder, Colorado: Stratus Consulting Inc.

Cofala, J., and S. Syri (1998a) Nitrogen Oxides Emissions, Abatement Technologies and Related Costs for Europe in the RAINS Model Database. Laxenburg, Austria: International Institute for Applied Systems Analysis.

——(1998b) Sulfur Emissions, Abatement Technologies and Related Costs for Europe in the RAINS Model Database. Laxenburg, Austria: International Institute for Applied Systems Analysis.

Cropper, Maureen, Shama Gamkhar, Kabir Malik, Alex Limonov, and Ian Partridge (2012) 'The Health Effects of Coal Electricity Generation in India', Discussion Paper No.12-15. Washington: Resources for the Future.

Cropper, Maureen, and M. Granger Morgan (2007) 'SAB Advisory on EPA's 'Issues in Valuing Mortality Risk Reduction', Memorandum from the Chair, Science Advisory Board, and the Chair, Environmental Economics Advisory Committee, to EPA Administrator Stephen L. Johnson. EPA-SAB-08-001.

European Commission (2008) ExternE-Externalities of Energy: A Research Project of the European Commission. Brussels: European Commission.

Gillingham, Robert, and Michael Keen (2012) 'Mitigation and Fuel Pricing in Developing Countries', in Fiscal Policy to Mitigate Climate Change : A Guide for Policy-makers, edited by I.W.H.Parry, R.de Mooij and M.Keen.Washington : International Monetary Fund.

Goodkind, Andrew L., Jay S.Coggins, Timothy A.Delbridge, Milda Irhamni, Justin Andrew Johnson, Suhyun Jung, Julian Marshall, Bijie Ren, and Martha H.Rogers (2012) 'Prices vs. Quantities With Increasing Marginal Benefits', Discussion paper, Department of Applied Economics, University of Minnesota.

Griffiths, Charles, Elizabeth Kopits, Alex Marten, Chris Moore, Steve Newbold, and Ann Wolverton (2012) 'The Social Cost of Carbon : Valuing Carbon Reductions in Policy Analysis', in Fiscal Policy to Mitigate Climate Change : A Guide for Policy-makers, edited by Ian W.H.Parry, Ruud de Mooij, and Michael Keen.Washington : International Monetary Fund.

Hammitt, James K.(2007) 'Valuing Changes in Mortality Risk : Lives Saved Versus Life Years Saved', Review of Environmental Economics and Policy, 1 : 40–228.

Health Effects Institute(2013) 'Understanding the Health Effects of Ambient Ultra-fine Particles', HEI Review Panel on Ultrafine Particles. Boston : Health Effects Institute.

Humbert, Sebastien, Julian D. Marshall, Shanna Shaked, Joseph V. Spadaro, Ryrika Nichioka, Philipp Preiss, Thomas E.McKone, Arpad Horvath, and Olivier Jolliet (2011) 'Intake Fraction for Particulate Matter : Recommendations for Life Cycle Impact Assessment', Environmental Science & Technology, 45 : 16–4808.

Industrial Economics, Incorporated (2006) 'Expanded Expert Judgment Assessment of the Concentration–Response Relationship between PM2.5 Exposure and Mortality', Final Report. Cambridge, Massachusetts : Industrial Economics, Incorporated, online at : http// : www.epa.gov/ttn/ecas/regdata/Uncertainty/ pm_ee_report.pdf.

International Institute for Applied Systems Analysis(2013) Greenhouse Gas–Air Pollution Interaction and Synergies Model. Laxenburg, Austria : International Institute for Applied Systems Analysis, online at : http// : www.Gains.iiasa.ac.at/models.

International Monetary Fund (2013) World Economic Outlook Database.Washington : International Monetary Fund, online at : http://www.imf.org/external/pubs/ft/weo/ 2013/01/ weodata/index.aspx.

Klimont, Zbigniew, Janusz Cofala, Imrich Bertok, Markus Amann, and Chris Heyes (2002) 'Modelling Particulate Emissions in Europe.A Framework to Estimate Reduction Potential and Control Costs', Laxenburg, Austria : International Institute for Applied Systems Analysis.

Krewski, Daniel, Michael Jerrett, Richard T.Burnett, Renjun Ma, Edward Hughes, Yuan-li Shi, Michelle C.Turner, C.Arden Pope III, George Thurston, Eugenia E.Calle, and Michael J.Thun (2009) 'Extended Follow–Up and Spatial Analysis of the American Cancer Society Study Linking Particulate Air Pollution and Mortality', Research Report 140.Boston, MA Health Effects Institute, online at : http://scientificintegrityinstitute.net/ Krewski052108.pdf.

Krupnick, Alan (2007) 'Mortality-Risk Valuation and Age: Stated Preference Evi-
    dence', Review of Environmental Economic Policy, 1: 82-261.
——, Anna Alberini, Maureen Cropper, and Nathalie Simon (2000) 'What Are Older
    People Willing to Pay to Reduce Their Risk of Dying', Discussion paper. Washing-
    ton: Resources for the Future.
Lepeule, J., F. Laden, D. Dockery, and J. Schwartz (2012) 'Chronic Exposure to Fine Par-
    ticles and Mortality: An Extended Follow-up of the Harvard Six Cities Study from
    1974 to 2009', Environmental Health Perspectives, 120: 70-965.
Levy J., S. Wolff, and J. Evans (2002) 'A Regression-Based Approach for Estimating
    Primary and Secondary Particulate Matter Intake Fractions', Risk Analysis, 22:
    895-904.
Lukewille, A., and M. Viana (2012) Particulate Matter from Natural Sources and Related
    Reporting under the EU Air Quality Directive in 2008 and 2009, EEA Technical Re-
    port 10/2012. Copenhagen: European Environment Agency.
Muller, Nicholas Z., and Robert Mendelsohn (2012) Using Marginal Damages in Envi-
    ronmental Policy: A Study of Air Pollution in the United States. Washington: Amer-
    ican Enterprise Institute.
National Research Council (2008) Estimating Mortality Risk Reduction and Economic
    Benefits from Controlling Ozone Air Pollution. Washington: National Academies
    Press.
—— (2009) Hidden Costs of Energy: Unpriced Consequences of Energy Production
    and Use. Washington: National Academies Press.
Nielsen, Chris P., and Mun S. Ho, eds. (2013) Clearer Skies over China: Reconciling Air
    Quality, Climate, and Economic Goals. Cambridge, Massachusetts: MIT Press.
Nordhaus, William D. (2013) The Climate Casino: Risk, Uncertainty, and Economics for
    a Warming World. New Haven, Connecticut: Yale University Press.
Organization for Economic Cooperation and Development (2012) Mortality Risk Valua-
    tion in Environment, Health and Transport Policies. Paris: Organization for Eco-
    nomic Cooperation and Development.
Ostro, B. (2004) 'Outdoor Air Pollution—Assessing the Environmental Burden of Dis-
    ease at National and Local Levels', in Environmental Burden of Disease Series,
    edited by A. Pruss-Ustun, D. Campbell-Lendrum, C. Corvalan, and A. Woodward.
    Geneva: World Health Organization.
Pindyck, Robert S. (2013) 'Climate Change Policy: What Do the Models Tell Us', Jour-
    nal of Economic Literature, 51(3): 72-860.
Schaap, M., E. P. Weijers, D. Mooibroek, L. Nguyen, and R. Hoogerbrugge (2010) Compo-
    sition and Origin of Particulate Matter in the Netherlands. Bilthoven: PBL Nether-
    lands Environmental Assessment Agency.
Stern, Nicholas (2007) The Economics of Climate Change. Cambridge, U.K.: Cambridge
    University Press.
United Nations Environment Programme (2011) Opportunities to Limit Near-Term Cli-
    mate Change: An Integrated Assessment of Black Carbon and Tropospheric

Ozone and Its Precursors. Nairobi: United Nations Environment Programme and World Meteorological Organization.

United States Environmental Protection Agency (2011) The Benefits and Costs of the Clean Air Act from 1990 to 2020, Report to Congress. Washington: US Environmental Protection Agency.

United States Inter-Agency Working Group (2013) Technical Update of the Social Cost of Carbon for Regulatory Impact Analysis Under Executive Order 12866. Washington: United States Government.

Weitzman, Martin L. (2009) 'On Modeling and Interpreting the Economics of Catastrophic Climate Change', Review of Economics and Statistics, 91(1): 1-19.

World Bank (2013) World Development Indicators Database. Washington: World Bank, online at: http://data.worldbank.org/indicator.

World Bank and State Environmental Protection Agency of China (2007) Cost of Pollution in China: Economic Estimates of Physical Damages. Washington: World Bank.

Zhou, Ying, Jonathan I. Levy, John S. Evans, and James K. Hammitt (2006) 'The Influence of Geographic Location on Population Exposure to Emissions from Power Plants throughout China', Environment International, 32: 73-365.

第5章

机动车非污染性损失测算

本章由三个部分组成，重点是机动车非污染相关的外部因素，即交通拥堵、交通事故和道路损坏（主要与卡车相关）。在本章的附件中还讨论了第3章提到的实施矫正汽车燃油税公式所需的其他数据和假设。

5.1　交通拥堵成本

事实上，我们现在需要计算因一辆汽车额外驾驶导致的其他道路使用者降低车速所产生的成本，平均值的计算涵盖了一个国家的不同道路和一天的不同时间。这种成本的估算可用于矫正汽车燃油税如公式（3-1）所示。正如第3章所述，为了有效地管理交通的拥堵，各个国家应当合理使用基于里程的税收，这些税收应随着不同道路的拥堵程度而调整。然而，在这些方案全面实施之前，通过燃油税控制交通拥堵成本是完全合适的。

拥堵成本的主要内容：一是对其他道路使用者平均增加的出行延误，更多技术上的定义见附件5-1，这需要在国家层面进行推算（由于缺少直接的数据）；二是将延误转换成货币成本，即出行的时间价值（VOT），这与当地的工资水平相关。

本章首先使用一个城市层面的数据库（覆盖多个国家）建立拥堵延迟和各种交通指标之间的统计关系。这些结果和相同指标是基于国家层面的数据，并用于推断国家层面的拥堵延迟。其次讨论了各种延迟转化成拥堵成本的方法。一旦结果出来，那么对结果的快速检查就可以执行了，即将其与从详细的国家层面数据（一些国家这方面的数据是现成的）中获得的成本估算值进行比较。

重点是最重要的成本组成部分（对车辆使用者而言是时间损失）。专栏5-1列举了一些更广义的成本，原则上要考虑对矫正燃油税的估算，但这超出了本书的范围。所以，连同下面的其他假设一起，本章关于拥堵成本的估算可能处于一个较低的水平。

专栏 5-1　　　　　　　　　　广义的拥堵成本

　　一个因出行延误的、超过单纯时间损失的额外成本，是一笔额外的燃料费支出，因为在拥堵条件下司机无法充分利用燃料，燃料效率下降。然而，较慢的行驶速度和燃料消耗速率之间的关系较为复杂（Greenwood 和 Bennett，1996；Small 和 Gómez-Ibáñez，1998）。有时，交通拥堵会在没有增加走走停停的情况下减慢交通速度，这可以提高一些相对高速行驶速度的燃料效率。如果把美国作为一个整体来看，Schrank、Lomax 和 Eisele（2011）估算拥堵引起的燃料成本占拥堵总成本的5%左右。这表明，这些成本可能对矫正燃油税的影响不大。

　　另外，交通拥堵的代价可能更大。例如，人们可能会选择早出发或者晚出发以避免高峰期的拥堵，这将导致人们比预计的早到或迟到，早到了就意味着浪费时间来等待，迟到了就意味着面临在工作中被惩罚的危险。也就是说，拥堵将导致日常出行时间的不确定性，从而增加每天制订计划（如安排预约、用餐时间和日托服务）的难度。研究表明，仅仅行程时间的可变性就会使拥堵总成本提高10%～30%（Eliasson，2006；Fosgerau 等，2008；Peer、Koopmans 和 Verhoef，2012）。

5.1.1　城市层面的出行延误

城市可持续交通数据库提供了100个城市的详细交通信息（10个城市

因数据丢失而放弃）[①]，这些城市都列在附件表5-1中。

虽然这些数据很有用，但却是1995年的数据，所以有些过时，不过数据过时并不是问题，因为它们是用来估算交通延误和交通指数之间在统计上的关联性，把这种关联性与最新的国家层面的数据指标相比较，从而对最新国家层面的交通延误进行估算。这种方法是合理的，因为自1995年以来，交通延误和交通指标的关联性没有明显的改变。

在数据库中，路网的平均速度是指所有机动车（平均每天24小时，每周7天）在大城市区域[②]所有类型道路上的平均速度，这些数据提供了周期性的交通延误信息（在正常的驾驶条件下每天都发生），其中不包括偶尔的拥堵情况（突发事件引起的，如交通事故、恶劣天气和修路）。值得注意的是，在这种意义上，拥堵成本的估算是较为保守的。[③]

表5-1显示了所有城市路网的平均速度是34.2公里/小时，北美城市（47.7公里/小时）显著高于这个速度，亚洲非富裕城市显著低于这个速度，如新德里（20.6公里/小时）。

速度数据用于假定在没有交通拥堵情况下行驶的速度，从而得出平均交通延误。[④]表5-1显示了每辆车平均延误时间的估算：北美最低（0.0058公里/小时）；东欧、西欧、中东、非洲和亚洲富裕城市（如东京）基本上是这个数值的2倍；拉丁美洲城市和其他亚洲城市每公里延误时间的估值则更大。

使用统计回归方法获得一种关系，用来预测整个国家的平均延迟，常见的指标对城市数据库中90个城市和下面讨论的国家层面的数据都有效，这些指标包含：

---

　　① 数据库是由国际公共交通协会(UITP)和可持续发展技术协会(ISTP)在2001年研发的。

　　② 关于速度如何随交通量的变化而变化，大部分的速度数据是使用交通流量和假设进行计算的。

　　③ 例如，加拿大的一项研究表明，突发的拥堵成本可能跟周期性的拥堵成本一样大(Transport Canada,2006)。

　　④ 这些不受限制的速度(没有可用的数据)假定为57公里/小时(35英里/小时)或者65公里/小时(40英里/小时)，是根据城市是否有相对较高或较低的每万平方米的道路密度计算的(事实上，对一些城市而言，观察到的交通速度接近不受限制的速度)。这个假设大致符合Parry和Small(2009)的观点。

- 城市人均GDP（城市的经济发展指标）。
- 车辆行驶的年里程数（交通流量指标）。
- 每辆车的道路长度或容量。
- 人均车辆拥有量（交通强度指标，与交通的基础设施和供给有关）。

表5-1　　　1995年城市层面的交通延误和其他特征（区域平均值）

区域	城市数量	平均速度（公里/小时）	平均延误（小时/公里）	城市GDP（美元/人）	每辆车每年行驶里程（公里）	道路容量（公里/车辆数）	人均车辆拥有数
非洲	7	33.6	0.0159	2 500	11.8	33.2	0.10
亚洲富裕城市	5	31.3	0.0164	34 800	12.2	16.3	0.22
其他亚洲城市	12	20.6	0.0342	4 200	10.5	20.0	0.09
东欧	5	31.3	0.0164	5 600	7.6	8.1	0.31
西欧	33	32.9	0.0144	31 900	11.3	12.4	0.41
拉丁美洲	5	29.4	0.0195	5 400	10.1	16.0	0.19
北美	15	47.7	0.0058	27 900	18.5	17.3	0.57
中东	3	36.9	0.0153	7 700	14.9	12.7	0.19
大洋洲	5	44.2	0.0074	19 800	12.9	22.4	0.58
所有城市	90	34.2	0.0158	21 000	12.4	16.6	0.34

注：表中的数据是不同区域城市中心的简单平均数，路网的平均速度是指所有车辆（每天24小时，每周7天）在大城市所有类型道路上的平均速度。

资料来源：城市数据库和作者的计算。

系数是通过使用最适合数据的函数公式——常规的统计技术估算出来的。这些系数可以显示城市平均交通延误的各个指标所占比重。关于统计回归结果的进一步细节，见附件5-3。

在理想情况下，额外的指标将包含在这些回归计算中以提高统计的准确性。然而，因为我们的目的是进行国家层面的估算，所以只能采用国家层面有效的数据指标。尽管有这种限制，但仍然获得了一个相当合理的统计拟合数据。

5.1.2 国家层面的出行延误

结合国家层面的指标，将城市层次的平均延迟和四个主要指标之间的估计统计关系用来计算150个国家（所有国家这方面的数据都是可用的）的平均延迟时间。为此，人均GDP的数据来自世界银行（2013），其他所有的指标来自世界公路统计[①]（IRF，2009）。其中，缺少81个国家的车辆里程数据，所以附件5-3描述了如何在缺少这些数据的情况下完成统计回归。

表5-2总结了一些地区的关键性指标，在国家层面上，人均收入越低，车辆行驶的年里程数就越高，每辆车的道路容量小于表5-1所示的城市层面数据。

表5-2   2007年国家层面的交通延误和其他特征（区域平均值）

地区	国家数量	预测平均延误（小时/公里）	国家GDP（美元/人）	每辆车每年行驶里程(公里)	道路容量（公里/车辆数）	人均车辆拥有数
非洲	45	0.0046	2 300	36.3	1 395	0.03
亚洲	33	0.0053	9 900	16.3	362	0.11
欧洲	43	0.0025	26 900	9.4	65	0.35
拉丁美洲	11	0.0049	5 100	21.9	185	0.09
北美	11	0.0048	12 100	19.5	103	0.15
大洋洲	7	0.0028	11 900	18.1	290	0.20
所有国家	150	0.0041	12 400	21.0	551	0.16

注：表中的数据是各个国家之间的简单平均数，如墨西哥较高的平均延误影响了北美国家的平均数。

资料来源：IRF（2009）；作者对每辆车的年行驶里程的估算见附件5-3，并使用文中描述的程序预测平均延迟。

城市层面分析的估算系数和国家层面的变量一起用于预测150个国家

---

① 最新的数据是2007年的数据，该数据假定为2010年的延迟提供了合理的近似值。

的全国平均延误。由于城市层面的回归分析是基于 90 个主要城市的，平均预测延迟代表了每个国家的城市拥堵水平，不包含农村地区。为了预测农村地区的平均延迟，预测的城市平均延迟将按城市人口比例进行调整，假设农村交通拥堵可以忽略不计。

　　将表 5-2 的结果与表 5-1 中的结果进行比较，国家层面的平均延误大概占城市层面的 1/4 到 1/2。这种差异表明，城市层面的数据仅集中在大城市（拥堵较为严重），而国家层面的数据则涵盖了农村地区和中小城市。因此，国家层面的平均延迟估算的精确度很低，尤其是那些在交通指标测算上有重大误差的国家。[①]

5.1.3　由延误导致的拥堵成本

　　本节解释了单辆车对其他车辆的延迟是如何从上述估算中获得的，然后再将其货币化。此外，还讨论了其他车辆，如公共汽车等在道路上的复杂情况。

　　1.单辆车对其他车辆产生的延误

　　运输工程师使用一个普通的技术参数描述通行的速度或时间和交通流量之间的关系，并推导出单个车辆使用者每公里的平均延迟（上面估算过）与一个新增车辆对道路上其他车辆所增加的行驶时间之间的简单关系。

　　交通延误是交通流量相对道路容量的一个简单的幂函数，如果用 β 表示这个函数的指数，那么一个新增车辆对道路上其他车辆所增加的额外延误就是每公里平均延误时间的 β 倍（见附件 5-1）。实证研究表明，β 约在 2.5～5.0 的范围内变动，较高的值在这个范围内适用于更大的城市中心。在本次分析中，β 假定为 4。[②]

---

　　① 少数几个调查结果，尤其是在可疑的案例中，每公里的平均延迟是从其他国家中推测出来的。例如，孟加拉和哈萨克斯坦的交通延误分别来自印度和俄罗斯，其中包括调整各国之间的城市化率差异。

　　② 这种假设与公共道路局的准则是一致的，推测车辆速度的传统方法是根据流量与容量的比例得来的（Small 和 Verhoef，2007；Small，1992）。显然，上述方法是高度简化的，速度与容量的关系或许因特殊的道路（如高速、因信号灯而频繁停车和突然的弯道）和一天中不同的时间段而差异显著。但假设值 β 似乎是一个合理的代表城市区域的平均交通条件的经验法则。

最后，对其他乘客的延误是由车辆占用率乘以延迟到其他车辆而得到的，假定为1.6（见附件5-4）[①]。关于车辆搭载人数和指数β的假设可能会对下面拥堵成本的报告有一定的影响（如果β=5或者平均车辆搭载人数是2，那么拥堵成本可能会提高25%）。

2.出行的时间价值（VOT）

现在讨论VOT，它可将拥堵成本货币化。

按照经济学理论（Becker，1965），人们通常按照加班和休息时间（如在家放松或照顾小孩）管理他们的时间。因此，通常以个人加班的收入，即税后的收入（扣除了个人所得税、工资税和消费税）衡量休息时间的货币价值。

人们应当通过税后的工资衡量额外的VOT，这将意味着VOT应占一个典型的发达国家的市场工资的50%～70%。更普遍的是，出行的时间价值成本可能会更低（人们因为爱听音乐而喜欢开车）或更高（人们因为与同事互动而喜欢工作场所）。

大量的实证文献估算个人行程中VOT的使用类似于第4章讨论的显示偏好和意向偏好的技巧。例如，显示偏好研究可能会估算一种意愿，即人们是愿意支付额外的汽油费和停车费节省时间，还是愿意接受缓慢的出行模式；而意向偏好研究可能会直接询问人们是否愿意为更快的上下班支付费用。

在加拿大、法国、英国和美国，一些文献显示VOT约是市场工资的一半，这是一个对大众交通行程而言合理的经验法则（见表5-3）。根据Wardman（2001）的研究，VOT有时会因为通勤而变得很高（因为上班迟到会被罚），这会比非市场化的行程（如逛街、送孩子上学、去健身房）高16%。鉴于大多数的延迟发生在上下班的高峰期，所以假定VOT是市场工资的60%。

---

① Parry和Small计算的数值略高于伦敦、洛杉矶和华盛顿的平均车辆搭载人数比例。

表 5-3　　　　　　　　　　出行的时间价值（VOT）的实证文献综述

研究者	相关研究	建议的 VOT（市场工资）
Waters（1996）	来自 14 个国家的 56 个综述	35% ~ 50%
Wardman（1998）	英国的研究综述	52%
Mackie 等（2003）	英国的研究综述	51%
US Department of Transportation（1997）	美国的研究综述	50%
Transport Canada（1994）	美国和加拿大的研究综述	50%
Commissariat General du Plan（2001）	法国的研究综述	59%

注：对这些综述研究结果的总结来自 Small 和 Verhoef（2007），研究者将不同类型的行程做了一个加权平均数（通常在高峰期），而 Waters（1996）例外，他只关注上下班的行程。

　　假定 VOT 和市场工资比率在所有国家都相同[①]，工资数据来自国际劳工组织的全球工资数据库（ILO，2012）[②]，是 2010 年的全国性措施。

　　图 5-1 显示了各国出行的时间价值（VOT），从广义上讲，不同国家的 VOT 跟第 4 章[③]中图 4-2 的死亡风险的价值类似。

　　3. 对其他车辆的研究

　　对这一分析的估计假设是，道路上所有的车辆都是汽车。然而，实际

---

①　至少来自发达国家的更多证据显示，VOT 大致随着收入的增加而增加，从而支持了这个假设（Small 和 Verhoef，2007）。Abrantes 和 Wardman（2011）判定工资每增长 10%，VOT 则会增加 9%，他们认为在一些车辆拥有率相对较低的国家，VOT 应当上调，因为那些车辆拥有者的工资可能更高。然而，因数据的限制，调整没有进行。但是，高收入的车辆驾驶者（至少是那些住在靠近市区的较为昂贵住所的人）同其他车辆使用者相比，在拥堵环境下驾驶的更少，尽管这个问题没有令人信服的解释。

②　在 ILO（2012）的文献中，有 6 个国家的数据缺失，针对这类情况，工资则用人均 GDP 代替。在理想情况下，城市工资（调整后的差异补偿了更高的生活成本）将被用于全国范围。但是，综合来看，国际数据是不可用的。

③　这里有一些细微的差别，发达国家和发展中国家之间 VOT 的相对差异更加明显一些，因为各国的相对工资对应图 4-2 中的相对所得提高到 0.8，甚至在收入相近的国家间也存在一些差异。例如，美国比澳大利亚有一个更高的死亡率估值，但是却有一个更低的 VOT，这反映了移民和中等家庭相对较高的劳动力参与率对美国工资的抑制作用，而工会或劳动力市场法规对工资上涨的影响相对较小。

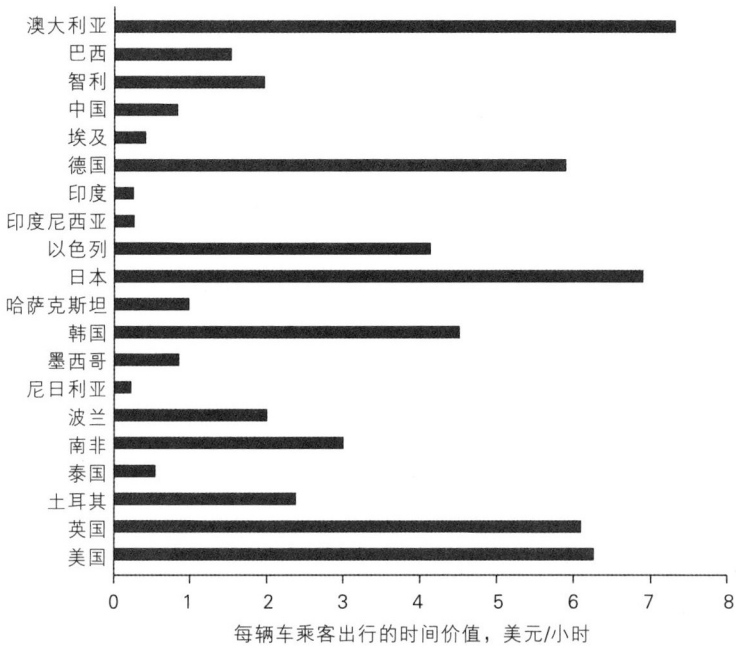

图 5-1　各国出行的时间价值（VOT）

资料来源：作者的计算。

上车辆总数包括汽车、公共汽车、卡车和两轮机动车。对于本次拥堵成本的估计，在附件5-4中进行了讨论，并使用了一个公式表示交通拥堵成本比率（适当估计了车辆的混合比例）。

如果卡车和两轮机动车占车辆总数（不含公共汽车）的比例较大，那么估算结果并没有多大不同。然而，如果公共汽车占车辆总数的很大一部分，那么本次的估算结果就大大低估了拥堵成本（见附件5-4）。汽车在对其他道路使用者增加行驶时间方面有更显著的影响，因为在路上行驶的大部分车辆承载着大量的乘客。然而，这里并没有做出调整，因为很多国家都没有公共汽车在城市车辆里程范围内的数据①。

----

① 在很多情况下，公共汽车的份额很低。例如，在华盛顿、洛杉矶和伦敦公共汽车约占车辆行驶里程数的1%，甚至更少（Parry和Small，2009）。

最终，在矫正柴油税计算的过程中，根据有关文献（Lindsey，2010；交通运输研究委员会，2010；Parry 和 Small，2009）需要做一个额外的卡车里程假设，相对于额外的汽车里程需要达到 2 倍的权重（虽然卡车在拥挤的道路上行驶抵消了部分因素，但是卡车行驶的更慢、占用更大的道路空间）。

5.1.4　结　果

图 5-2 显示了 20 个国家每辆车的额外里程数对全国交通拥堵成本的影响。

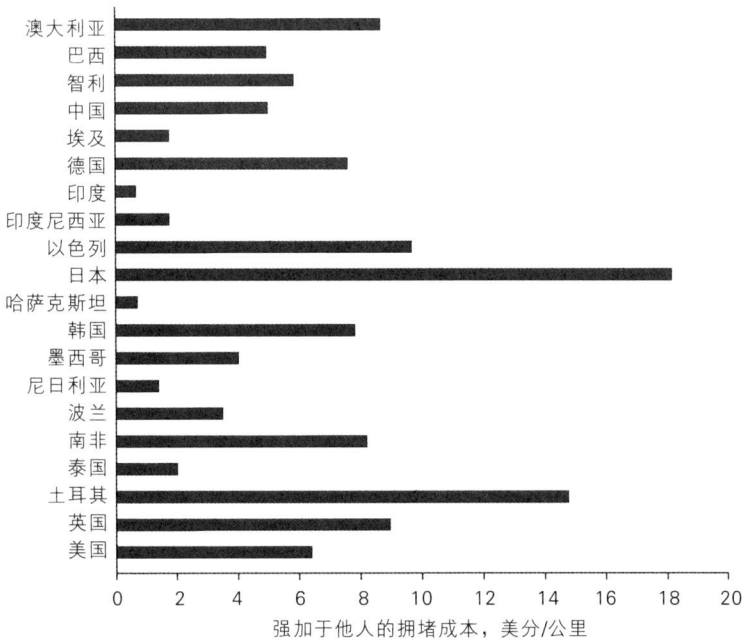

图 5-2　2010 年各国车辆每公里强加于他人的拥堵成本

资料来源：作者的计算。

例如，英国的拥堵成本是 0.09 美元/公里，澳大利亚、德国、以色列、韩国和南非的拥堵成本与其大致相当。然而，土耳其的拥堵成本显著增高，日本则更高（虽然日本有相应更高的 VOT，但这种差异主要归因于对交通延误的更大估计数）。在全国范围内的拥堵条件下，美国的拥堵成本低于0.064美元/公里（虽然估值相对偏高，但与之相关的一个潜在的更正确的估算将在下面讨论）。对中国拥堵成本的估算是0.05美元/公里，尽管中国平均拥堵时间更长，但是因为其设定的VOT更低，所以拥堵成本低于美国，这也解释了为什么印度和哈萨克斯坦拥堵成本更低的原因（低于0.01美元/公里）。

在数据允许的情况下，估算了所有国家拥堵成本的范围。这些拥堵成本在西欧（那里经常发生拥堵，同时人们的VOT很高）是比较高的。除了南非以外，非洲的拥堵成本非常低（那里的VOT也是最低的）。美国、拉丁美洲和澳大利亚的拥堵成本都属于中间的情况。

5.1.5 一致性修正

对于英国和美国来说，关于不同区域的交通延误的详细数据都是有效的，并且能够生成一项可供选择的关于全国平均延迟的估算作为对上述估算数据的检验（见附件5-5）。

在英国，从这种可供选择的数据中获得的每辆车行驶里程的平均延迟时间几乎与上述的估值一致，至少对英国而言，这种方法可能是合理的。在美国，使用可供选择的数据估算出的延迟时间是上述估值的59%，这说明分析中的估算或许对某些特定的国家而言是偏高的。

虽然获取国家层面的数据极其困难（交通运输部门不会定期搜集这些数据），但是来自国家层面的数据得出的延误估值应当比上面给出的推断更可靠。本章使用的方法可能因城市层面和国家层面数据的指标数量有限而受到影响；也可能因城市层面和国家层面数据的质量问题而受到影响；还可能因平均延迟时间和城市或国家特点之间的潜在关系，在基础设施、技术和交通规则中而发生变化。因此，鉴于国家之间的差异，很难给出一个总方向，更不用说量级了。此外，尽管个别国家的估算不是特别准确，但是一般而言，在上述估算的不同国家中，相关拥堵成本的详细情况是可信的。

5.2　交通事故成本

来自交通事故的社会总成本是十分显著的，但未得到正确的评估。然而，对事故风险评估的适当收费应当作为对其他措施（如道路风险的投资）的补充反映在燃油税中是很困难的，主要有以下两个原因：

第一，从概念上讲，较难判断哪些类别成本应当被视为是"内部的"（因为这是个人自己的驾驶决策）或是"外部的"（成本由别人承担）。只有后者保证了矫正性税收。

第二，尽管数据经常用于道路死亡事故，但它们通常无法用于其他事故成本，如非致命伤害、医疗费用和财产损失，甚至在外部成本评估中，此数据也并不总是有效的。

本节中的估算必须依靠一些判断进行推测以填补缺失的成本，进而转换成在类似国家之间的死亡事故数据。由于这些及其他原因，成本估算的准确性是有疑问的。但是，这种估算提供了一些合理的、透明的外部性事故成本，解释了为什么这些成本在不同国家之间存在差异，并强调需要的数据，以提高未来成本评估的准确性。

讨论的结果如下：首先，在试图将不同的事故成本划分为内部和外部风险时，对概念问题进行了审查；其次，对外部成本的估算进行了探讨；最后，提出了结果。

5.2.1　事故风险分类：一般性的原则

道路交通事故的主要社会成本包括：致命和非致命的伤害、医疗费用和财产损失。[①]

---

① 　交通事故中的其他成本包括：交通拥堵、警察和消防服务、保险监管、诉讼费等，这些都超过了本章讨论的范围。根据一些研究，相对其他成本而言，它们似乎是适度的（US FHWA，2005；Parry，2004）。虽然由一些事故引起的交通混乱而导致的交通拥堵看起来令人惊讶，但是这些事故仅占事故总量的一小部分。生产力损失被考虑到分配给不同类型损害的货币价值。

1.受伤

行人和骑自行车的人、单辆车和多辆车事故中乘客的受伤风险都要分别考虑。

行人和骑自行车的人的受伤风险：人们通常认为，开车人在决定开车时，不会考虑他们对行人和骑自行车的人造成的受伤风险（Newbery，1990；Parry，2004）①。因此，这些风险被归为外部风险。

单辆车事故中乘客的受伤风险：如果仅仅一辆车卷入事故中，那么通常情况下车辆中的乘客所面临的受伤风险就要被考虑进去；如果个人把自己置于更大的风险（经常在车上）中，这种行为还被定为征税依据。②同样的原因，在单辆车事故中其他乘客（如家庭成员）的受伤风险通常被视为内部风险。

多辆车事故中乘客的受伤风险：在这里，内部风险和外部风险之间的描述变得模糊。问题是，单辆车的额外驾驶是如何影响其他车辆乘客的受伤风险的。同样的，一个车辆使用者的额外驾驶将导致道路上的车辆更多，对其他车辆的风险更大——辆车的平均道路空间更少，因此更容易发生碰撞。在这种情况下，其他乘客的受伤风险将与交通流量的比例成正比。

然而，一切可能都不一样：在路上行驶的车辆越多，车辆使用者就会越小心，或者开车越慢。因此，发生事故的频率和在某个特定事故（因为车辆以较慢的速度碰撞）中平均的受伤程度也会降低。虽然缓慢的开车或许不会降低无防护的行人受伤的风险，但是对降低其他有更好防护的车辆乘客的受伤风险却有明显的影响。那么重要的是，额外驾驶对其他车辆使用者产生的"调整后"的受伤风险有什么影响。然而，现有的证据是不确

---

①　然而，在道路上，车辆使用者可能会更加小心，从而降低碰撞行人和骑自行车的人的风险。因为现有观察到的数据反映了这种可能性，在矫正税估算中应当把这种情况考虑进去。

②　车辆使用者可能缺乏对他们自身面临的风险的准确认知，由于缺少反面的证据，所以合理的假定是，一般的车辆使用者并没有系统地评估(低估或高估)这些风险。即使存在这样的证据，对受教育程度更高的车辆使用者进行信息宣传或许比征收矫正燃油税会有更好的反应。

定的。[①]

在此分析中考虑了两种极端情况之间的中间假设。在第一种情况下，额外驾驶将导致其他车辆使用者（更慢或者更认真的驾驶并没有降低严重调整过的事故风险）受伤风险的增加。在第二种情况下，额外驾驶对其他车辆使用者调整后的受伤风险没有影响；对其他车辆使用者增加的受伤风险完全被伤害的平均严重程度的下降所抵消。

在第一种情况下，假设在多辆车事故中，一半的伤害是外部的。这可能基于以下逻辑，即一辆车对碰撞负责，而其他车辆没有责任，而那些在事故中负责的人则会考虑本车乘客的风险，而不是其他车辆乘客的风险（Parry，2004）。在第二种情况下，在多辆车事故中所有伤害都是内部的。不同的是，1/4 的辆车事故的伤害应被视为是外部的。

2.医疗和财产的损失成本

所有与交通相关的伤害，其医疗费用主要由第三方（政府或保险公司）承担，但个人也要通过共同承担和免赔额承担小部分的成本。

确定财产损失是很难的。这部分损失主要是损坏车辆的维修成本或替换成本。在那些有综合保险系统的国家，一些成本是由第三方（保险公司）承担的，但其他成本是由车辆使用者承担的，其形式是扣除费用，并可能在事故后提高未来的保费。[②]

3.来自重型车辆的事故风险

为了计算出柴油的矫正燃油税，需要卡车的事故成本。比起汽车，卡车对其他公路使用者的风险要大得多，因为它们的重量更大。然而，一个抵消的因素是，卡车的行驶速度比汽车慢，卡车驾驶者是专业人员，这可

---

① 例如，Edlin 和 Karaca-Mandic（2006）发现额外驾驶大幅度增加了每公里驾驶的平均保险成本，建议提高每公里的财产损失成本（虽然像死亡风险等其他成本是如何变化的还不太明晰）。然而，Lindberg（2001）、Traynor（1994）和 Fridstrøm 等（1995）的研究表明，额外驾驶只能产生有限的影响，并且在调整过的事故风险中甚至可能产生负面影响。

② 保险费会随着个人的驾驶年限而变化，也会与车辆使用者承担的额外驾驶和财产损失（以更多保费的形式）相关，尽管这种关联性很低。在一定程度上，保险公司通过市场的力量，可能让车辆使用者为财产损失上税。

能会进一步降低他们的撞车风险（如卡车驾驶者不太可能酒后驾车）。①美国联邦高速公路管理局的一项详细研究表明，重型车辆每公里的外部事故成本仅略高于汽车（US FHWA，1997）。因此，在这个分析中假定汽车和卡车的这些成本是相同的（Parry 和 Small，2009）。

5.2.2 外部成本评估

IRF（2012）提供的2010年的交通事故数据，或者大部分国家的最新可用数据都是基于地区数据，如警方的报告。WHO（2013）提供了关于行人、骑自行车的人、两轮或三轮机动车驾驶者、四轮车驾驶者、其他车辆（如公共汽车）驾驶者的死亡事故数据。在这些案件中，报告的总死亡人数的分类，在类似的国家和同样的地区被认为是相同的。这里使用的数据可能大幅低估了很多发展中国家的道路交通的死亡人数，这也为未来矫正燃油税的估算可能被低估提供了另一个理由。②

车辆乘客的死亡数量并不是以单辆车和多辆车事故区分的。基于五个国家案例研究的简单平均值（见附件5-6），57%的两轮、三轮和四轮机动车驾驶者的死亡是假定发生在多辆车事故中的。从之前的讨论中可以看出，在所有事故中行人和骑自行车的人的死亡风险，25%是来自外部的。在第4章中污染死亡的价值被用来将这些死亡货币化。③

对于大多数国家来说，数据无法用于其他外部事故成本，包括非致命伤害、医疗费用和财产损失。然而，根据对智利、芬兰、瑞典、英国和美国的这些成本的综合估算，这些其他外部费用④与死亡的外部费用之间的关系估计为总死亡人数中所占的外部死亡人数的一个函数（见附件5-6）。在那些行人死亡率较高的国家，其他外部费用的相对值更低。于是，不同国家推断外部成本的比率是基于外部死亡人数占总死亡人数的比率，从而

---

① 2010年,在美国轻型车行驶每公里发生事故的频率几乎是卡车的4倍(BTS,2012)。

② 例如,印度的死亡人数是133 938人(IRF,2012),但是2010年WHO(2013)估算的这一数值是231 027人。

③ 从原则上讲,在交通事故中死亡的价值应该更高,因为交通事故死亡的平均年龄低于死于与污染有关的疾病的普通人的平均年龄(Small和Verhoef,2007)。然而,出于对第4章专栏4-3中讨论的原因,并没有做出调整。

④ 根据多个研究的简单平均数,财产损失、非致命伤害和医疗费用分别占其他外部费用的42%、38%和20%。

外部费用也相应扩大。

5.2.3　结　论

图5-3的数据显示了各国的外部性事故成本，对汽车或卡车每公里的拥堵成本进行了比较（见附件5-3，对车辆每公里的测算）。

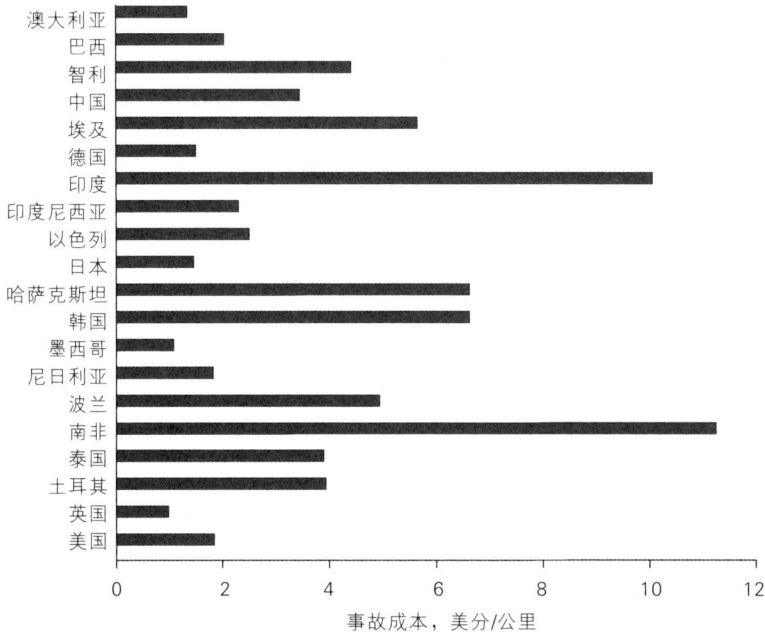

图5-3　2010年各国车辆每公里驱动的外部事故成本

注：图中显示的是汽车或卡车每公里的外部事故成本（反映了致命和非致命的伤害、医疗费用和财产损失）。

资料来源：作者的计算。

高收入的国家每公里的事故伤害的发生率较低，原因是发达国家的车辆和道路安全水平较高，行人和骑自行车的人的比例也会下降（Kopits和Cropper，2008）。[①]这种较低的伤害发生率是部分的，而不是全部的，会

---

① 例如，在印度，每十亿里程就会有40例的外部性死亡，相比之下，美国只有2例。

被高收入国家的死亡率和伤害风险更高的估值所抵消。因此，粗略地说，这些数据显示了一种模式（也有一些例外），即国家收入越高则每公里的外部性事故成本越低。例如，澳大利亚、日本、西欧国家和美国的成本低于0.04美元/公里；而一些中南美洲和非洲国家，以及印度、哈萨克斯坦则要高于0.06美元/公里。

需要注意的是，外部性事故成本与拥堵成本相比，在数额上大多相同。事实上，在11个国家中，事故成本大于拥堵成本。

5.3 道路损坏成本

通过磨损路网，车辆的使用给道路造成了不利的影响。然而，由于车辆轴承重量的增加导致道路的磨损也会迅速增加，因此可以说，几乎所有的道路损坏都归因于重型车辆。对轻型车而言，在矫正燃油税方面，道路损坏的成本几乎没有什么不同（US FHWA，1997），因此在分析中将其忽略。[①]道路损坏成本也因卡车类型不同而有很大区别，这对于设计一个精密的轴重收费系统很重要。然而，在本次对卡车造成损害的分析中，我们把卡车作为一个整体来对待，因此它可以被纳入到矫正燃油税中。

道路损坏成本包括政府支付的路面维修费用和因崎岖道路而增加的车辆运营成本。然而，当道路达到预定的恶化状态时，如果政府打算逐步开始修复道路，那么参照一个粗略的经验法则，道路损坏的总外部成本可以通过维持路网的平均年度支出来衡量。[②]

较为复杂的是，车辆和天气能共同造成道路损坏。例如，结冰能够形成或者加剧路面的孔洞和裂缝，而这些损害会通过车辆被进一步地扩大。卡车还是天气，究竟谁对道路的影响更大，这种实证研究较少。Paterson

---

① 尽管路面上有相当大的变化，但是道路损害大致是按照车辆车轴重量的三次方的比例递增的（Small、Winston和Evans，1989）。

② 如果道路的修复频繁，则政府的资源成本更高，车辆的运营成本下降较少，反之亦然。参阅Newbery（1987）进行更精确的讨论。

（1987）依据道路的强度（如厚薄指数），指出在温暖、干燥或者半湿润的气候条件下，车辆将造成 40%～90% 的道路损坏；在干旱、冰冷的气候条件下，车辆将造成 20%～80% 的道路损坏；在潮湿、冰冷的气候条件下，车辆将造成 10%～60% 的道路损坏[①]。本书假定在所有国家卡车造成的道路损坏为 50%[②]。

IRF（2009）分别提供了 74 个国家的 2007 年（或者最新可用的）各级政府在道路上的维护支出和投资支出。对于其他国家，IRF（2009）提供了所有高速公路的支出，但没有以维护支出和投资支出来分类。如果这种分类的推断来自同一地区的类似国家，那么这种分类是可用的。由于剩下的 10 个国家没有可用的支出数据，所以其卡车每公里的维护支出被假定与同一地区的类似国家相同。在道路损坏的总损失中卡车所占的比例（而非气候）因国家的不同而存在差异。

5.4　小　结

通过城市层面的数据推断国家层面（在这些延迟没有直接数据的情况下）的数据，并从文献中获取出行时间的估算数据，从而估算出拥堵成本。通过对不同国家交通事故中死亡人数比例的假设估算事故成本，并对车辆使用者没有考虑的其他事故风险（非致命伤害、医疗费用和财产损失）做了一些上调。拥堵成本和事故成本是相当大的（可能被低估了），在一些案例中，事故成本超过拥堵成本。道路损坏也被估计为卡车道路维护支出的一部分，尽管相对来说这些费用是有限的。需要采取一些额外的措施计算矫正燃油税，见附件 5-7。

所有的成本估算都是最基本的，同时作为数据在将来也应有足够的修改余地，如出行延误的数据将变得具有更广泛的适用性和可分析性，从而

---

① 参阅 Newbery（1987）文献中类似的结果。

② 更加精准的计算方法（但这对整个矫正燃油税的估算几乎没有影响）是将国家划分为不同气候区域，更好的是，按平均道路强度划分，并对卡车造成的损害比例提出不同的假设。

有助于解决一些不确定因素（如关于低收入国家的 VOT，或者某个车辆使用者对其他道路使用者造成的安全风险）。尽管这些成本估算是对矫正燃油税的第一轮估算，但这是值得研究的，或许能成为税制改革讨论的一个有用的开端。

附件 5-1　测量拥堵成本：一些技术细节

由于拥堵造成车辆使用者的成本（TC）的计算公式如下：

$$TC=V \times (T[V]-T^f) \times o \times VOT, \qquad\qquad 公式（5-1）$$

在公式（5-1）中，V 是交通流量，即车流量——单位时间内通过的车辆数量（后面会讨论其他车辆对道路的影响）。T^f 是道路通畅时每公里行驶时间，T（该数值大于 T^f）是由于车流量增大（车距减少而导致速度降低）而实际使用的时间。数值 o 是车载量，或者每辆车乘客的平均数。因此，拥堵造成所有乘客的总延误为 $V \times (T-T^f) \times o$，其中 $T-T^f$ 是车辆每公里的平均延误时间。将总延误时间乘以出行的时间价值（VOT）就得到了货币表示的因延误造成的经济损失。

TC 除以交通流量就得到了每公里车辆拥堵成本的平均值（AC）：

$$AC=(T-T^f) \times o \times VOT \qquad\qquad 公式（5-2）$$

在公式（5-2）中，AC 是由车辆使用者自己估计的，是在他们决定行驶里程时必须考虑的。

TC 对 V 求导得到所有车辆使用者额外驾驶造成的拥堵成本：

$$\frac{dTC}{dV} = AC + \frac{dT}{dV} \times V \times o \times VOT \qquad\qquad 公式（5-3）$$

在公式（5-3）中，AC 包括了平均成本（考虑了车辆使用者的成本），如前文所述。AC 也包括了其他车辆使用者的成本，这是车辆使用者没有考虑的。$(dT/dV) \times V$ 表示其他车辆的延误，再乘以其他车辆乘客的平均数（o）和 VOT 就可以得到货币表示的成本。

假设，如正文讨论的那样，行驶延误约为交通流量的幂函数：

$$T-T^f = \alpha V^\beta, \qquad\qquad 公式（5-4）$$

在公式（5-4）中，α 和 β 是常量。常量 α 是道路通行能力，常量 β 是交通拥堵导致通行速度下降的比率。这个公式对 V 求导得到：

$$\frac{dT}{dV} = \alpha\beta V^{\beta-1} \qquad\qquad 公式（5-5）$$

结合公式（5-4）得到以下公式：

$$\frac{dT}{dV} \times V = (T - T^f) \times \beta \qquad\qquad 公式（5-6）$$

在公式（5-6）中，$(dT/dV) \times V$ 表示其他车辆的延误，即为平均延误与常量 β 的乘积。如正文所述，实证研究得到拥堵路段 β 的值在 2.5 到 5.0 之间。

如果可以获得速度的数值，平均延误可以根据以下公式计算出来：

$$T = \frac{1}{S}, T^f = \frac{1}{S^f} \qquad\qquad 公式（5-7）$$

在公式（5-7）中，S 和 S^f 是实际和自由流动的行驶速度（公里/小时）。

附件 5-2 城市层面数据库中选取的城市样本

在城市层面数据库中，用于统计出行延误和各种交通指标之间的统计关系的城市，列于附件表 5-1 中。

附件表 5-1 城市层面数据库中的城市（用于估算拥堵成本）

西欧	东欧	中东	大洋洲
阿姆斯特丹	布达佩斯	利雅得	布里斯班
雅典	克拉科夫	特拉维夫	墨尔本
巴塞罗那	莫斯科	德黑兰	伯斯
伯尔尼	布拉格		悉尼
柏林	华沙	**非洲**	惠灵顿
博洛尼亚		阿比让	
布鲁塞尔	**北美**	开罗	
哥本哈根	亚特兰大	开普敦	
杜塞尔多夫	卡尔加里	达喀尔	
法兰克福	芝加哥	哈拉雷	
日内瓦	丹佛	约翰内斯堡	
格拉斯哥	休斯敦	突尼斯	

续表

格拉茨	洛杉矶	**亚洲富裕的城市**	
汉堡	蒙特利尔	香港	
赫尔辛基	纽约	大阪	
里尔	渥太华	札幌	
伦敦	凤凰城	新加坡	
里昂	圣地亚哥	东京	
马德里	旧金山		
曼彻斯特	多伦多	**其他亚洲城市**	
马赛	温哥华	曼谷	
米兰	华盛顿	北京	
慕尼黑		金奈	
南特	**拉丁美洲**	广州	
纽卡斯尔	波哥大	胡志明市	
奥斯陆	库里提巴	雅加达	
巴黎	墨西哥城	吉隆坡	
罗马	里约热内卢	马尼拉	
鲁尔	圣保罗	孟买	
斯德哥尔摩		首尔	
斯图加特		上海	
维也纳		台北	
苏黎世			

注：由于数据的不足，从原始数据库中排除了10个城市。

资料来源：见正文

附件5-3　通过统计方法计算出行延误的指示量

如正文所述，为了估算导致出行延误的各种因素的值，本书采用了统计回归的方法，在数据库中选取了90个国家。为了获取最佳统计数值，

（如排除离群值和极端值的干扰），平均延误和四个解释变量在回归分析中都以自然对数的形式表示，这些变量的二次幂也包括其中（这两个都是标准的统计程序）。回归分析结果见附件表 5-2。

附件表 5-2　　　　　　　　城市层面的平均延迟回归结果

变　量	log 平均延迟
log GDP per capita	0.061
	0.409
log km driven per car	5.308***
	1.776
log road length per car	0.796
	1.08
log cars per capita	1.038***
	0.242
log GDP per capita ^{2}	0.0106
	0.044
log km driven per car ^{2}	0.515**
	0.196
log road length per car ^{2}	0.0414
	0.11
log cars per capita ^{2}	0.100*
	0.051
Constant	21.23***
	5.04
Observations	90
R-squared	0.659

注：*、**和***分别表示 10%、5% 和 1% 的意义。

资料来源：见正文。

解释这些系数比统计拟合（这是相当好的）相对较容易，因为系数是用于估测的，而不是建立因果关系的。事实上，诸如每辆车的道路长度或人均车辆数等的解释变量，是根据平均延误（因变量）等交通情况决定的，这些都会影响系数的解释。[1]

如正文所述，有 81 个国家的辆车行驶里程数是不可知的。为了弥补这

---

[1]　例如，每辆车行驶里程的负面信号表明，额外驾驶对道路投资造成压力或诱因（Duranton 和 Turner，2011），或者糟糕的交通状况阻碍了驾驶。

个缺口，各个国家被按照地区分类（欧洲、大洋洲、非洲等），每个地区用统计回归的方法计算辆车行驶里程数（以有数据的国家作为样本）与四个解释变量之间的关系，这四个解释变量分别是国民人均收入、城市人口密度、车辆数量和道路密度（IRF，2009；世界银行，2013）。运用这些联系和解释变量，那些没有直接数据的国家，其辆车行驶里程数是可以推导出来的。

辆车行驶里程数和四个解释变量（69个国家有完整的数据）都取了自然对数，对数的解释变量也取了二次幂和三次幂，以增加更大的灵活性。回归分析结果见附件表5-3，需要再次强调的是，因为方程式是为了预测，所以估算中使用的系数不是那么重要。

附件表5-3　　　　　　　辆车行驶里程数的回归结果

变　量	log 每辆车的行驶里程
log GDP per capita	−5.545*
	−3.058
log car per capita	2.596**
	−1.127
log road length per car	3.359
	−2.091
log road density	0.113
	−0.16
log GDP per capita^2	−1.373**
	−0.66
log cars per capita^2	1.470***
	−0.487
log road length per car^2	0.992
	−0.738
log road density^2	−0.145
	−0.093
log GDP per capita^3	−0.093**
	−0.044
log cars per capita^3	0.197***
	−0.063
log road length per car^3	0.104
	−0.083
log road density^3	−0.016
	−0.033
Constant	−4.988
	−4.568
Observations	69
R-squared	0.642

注：*、**和***分别表示10%、5%和1%的意义。

资料来源：见正文。

附件5-4　所有交通工具使用者的延误计算

本附件是通过直观的计算显示了当道路上同时有汽车、公共汽车、卡车和两轮机动车等多种交通工具时，拥堵成本是如何随实际情况而变化的（附件5-1中的公式假设道路上只有汽车一种交通工具）。

在公式（5-1）的基础上，可以得到公式（5-8）。公式（5-8）考虑了道路上各种不同的交通工具，可以得出所有道路使用者总出行延误：

$$TC=（T-T^f）\times \sum_i V_i \times o_i \times VOT_i \qquad 公式（5-8）$$

i表示某种交通工具，包括汽车、公共汽车、卡车和两轮机动车等。为简单起见，假设所有因拥堵延误的交通工具总数目是一个绝对数。

假设公式（5-8）是关于V_{car}的，并运用公式（5-2）中AC的定义，得出如下公式：

$$\frac{dTC}{dV_{car}} = AC + \frac{dT}{dV_{car}} \sum_i V_i \times o_i \times VOT_i \qquad 公式（5-9）$$

比较公式（5-3）和公式（5-9），当道路上有多种交通工具而不是只有汽车一种交通工具时，其他车辆使用者的延误成本比率如下：

$$\frac{\sum_i \left(\frac{V_i}{V}\right) \times o_i \times VOT_i}{o_{car} \times VOT_{car}} \qquad 公式（5-10）$$

在公式（5-10）中，V_i/V是某种交通工具i在所有交通工具的总里程数中所占的比例。

在附件计算过程中，假定卡车和两轮机动车的人员数量都为1人，公共汽车的人员数量为20人（在英国和美国的城市，Parry和Small，2009）。假定两轮机动车和公共汽车使用者的VOT与汽车使用者的相同。对于卡车来说，VOT还应包括雇主的工资（市场工资加上雇主工资税），这样才能反映出因拥堵而造成的劳力成本损失。鉴于汽车的VOT在市场工资所占比例为60%，可得出$VOT_{truck}/VOT_{car} = 1.67$。

附件表5-4的最后一栏显示，根据公式（5-10），比较了多种交通工具与汽车一种交通工具在拥堵成本之间的关系。

如果其他车辆都是卡车和两轮机动车，结果几乎没有差别：在附件表5-4中，当卡车在交通流量中占到20%时，拥堵成本将提高1个百分点；当两轮机动车在交通流量中占到20%时，拥堵成本将降低7个百分点（在这两种情况中，汽车占了剩下的80%）。然而，当公共汽车在交通流量中占到10%时，拥堵成本增加了1倍多；当公共汽车在交通流量中占到20%时，拥堵成本超过了3倍。由于公共汽车乘客的数量较多，当交通工具的平均乘客数量上升时，车辆使用者不得不承担较高的成本。因此，那些城市中心的公共汽车占总交通工具比例较大的国家，其拥堵成本和机动车燃油税的估值可能被大大低估了。

附件表5-4　　多种交通工具的拥堵成本与只有汽车一种交通
工具的拥堵成本的比例关系

各种交通工具行驶里程数的比例				各种交通工具的拥堵成本与汽车的拥堵成本的比例
汽车	公共汽车	卡车	两轮机动车	
1	0	0	0	1
0.8	0	0.2	0	1.01
0.8	0	0	0.2	0.93
0.8	0.2	0	0	3.30
0.5	0.1	0.1	0.3	2.04
0.9	0.1	0	0	2.15

资料来源：见附件5-4的正文。

附件5-5　关于拥堵成本的国家层面数据评估：美国和英国

本附件旨在说明正文中提到英国、美国的出行延误的估测数据。出行延误的估测数据是以2008年为样本（与2010年十分接近），成本将以2010年的美元计算。

美国

TTI（美国的德克萨斯州运输研究所）编制了高质量的出行延误的数据，这些数据来自449个城市中心，这些城市根据其人口数量分为特大城市、大城市、中型城市和小城镇四个级别（Schrank、Lomax和

Eisele，2011）。

其中，101个特大城市的速度数据是由城市的道路监控网络采集的，这些数据采集于一天中不同的时段，由一个私人公司负责远程操作；348个略小的城市（它们占到全国出行延误的15%），其速度数据来自估算的速度/交通流量关系。Schrank、Lomax和Eisele（2011）使用的是高速公路监控系统采集的交通流量数据，美国联邦公路管理局保存了美国所有路段的该项数据。

TTI 2008年的报告被用以推导全国其他地区的拥堵延误。对于TTI样本中的每个城市区域，为了得到平均车辆行驶里程数对应的延误时长，将乘客延误总时间（全年）与车辆行驶总公里数（全年）相除。某城市区域的延误时间是由该区域占全国车辆行驶里程数的比例加权得出的，然后汇总，以获得全国的平均延误时间。

英国

英国2008年的出行数据来自DFT（英国交通运输部），该部门根据英国交通系统资料编制官方数据。由于DFT不提供城市层面的年出行延误数据，因此出行延误数据是由高峰时段车速与畅行时段车速比较得出的。DFT有高峰时段和畅行时段车速的数据统计。[1]

在英国，每个数据统计地点的每公里平均行驶时间和畅通时段每公里平均行驶时间，都是通过早高峰（上午7点至10点）和畅行时段车速计算得到的。

每个数据统计地点的年车辆公里数乘以早高峰时段的对应比例。因为可以预测晚高峰（下午4点至7点）也会有同样的拥堵，所以年延误时间可以通过计算早高峰、晚高峰时段每公里多用的出行时间得到。[2]

另外，每个数据统计地点的年延误时间与年行驶里程数相除，就可以

---

① 数据来自 http://www.dft.gov.uk/statistics/tables，具体的数据集为 CGN0201、SPE0104、TRA8901 和 TRA0307。

② 根据 DFT 的交通流量分布数据（TRA0307），早高峰和晚高峰分别占车辆行驶总里程数的比例为0.21 和 0.22，两者非常接近。

得到每公里平均延误时间，此数据可以转化为乘客延误时间。如果假设平均每辆车的乘客为1.6人，每个数据统计地点的加权平均数和权重通过加权计算便可以得到全国的平均延误时间。

英国每公里延误数据的数值几乎是美国的2倍，这可能是合乎情理的，因为拥堵时段出行占全国总出行的比例较高。

附件5-6　评估其他意外事故损失与重大伤亡事故损失的比例：国家案例分析

如正文所述，不同国家的外部意外事故损失是根据已有比率按照比例估算所得。这个比率是其他损失与外部重大伤亡事故损失之间的比例，它是根据几个国家的实际情况推导出来的，具体如下：

首先，Herrnstadt、Parry 和 Siikamaki（2013）编制了芬兰、瑞典、英国和美国的数据；Parry 和 Strand（2012）编制了智利的数据。这五个国家的数据都是2010年或最新的，被充分理解分析后得到外部意外事故损失。在这些计算中，外部重大伤亡用第4章提到的死亡估值方法进行了货币化的成本估算。其他成本的估算是根据事故的严重性，用当地的平均综合数据（非致命伤害、医疗费用和财产损失）推导的，也有一些情况是直接用美国的数据推断的。[①]不论是致命的事故，还是非致命的事故，约85%的医疗费用（由第三方承担）是外部的，约50%的财产损失（所有的事故）也是外部的。

根据这些研究，得到其他外部事故损失（非致命伤害、医疗费用和财产损失）和外部重大伤亡事故损失的比率。如果交通事故造成的死亡数量上升，那么这个比率将下降（比率的分子下降，同时分母上升）。在美国（23%的交通死亡事故是外部的）这一比率为2.9，而在智力（54%的交通死亡事故是外部的）这一比率为0.16。在估算外部事故伤亡与总伤亡的比

[①]　在参考书目中有关于源数据和估算过程的详细资料。源数据资料中有区分驾驶者、乘客及其他交通工具使用者、路人和自行车骑者的记载，这些区分同样适用于非致命的意外事故。Herrnstadt、Parry 和 Siikamaki(2013)的资料主要针对酒驾引发的事故,他们的数据适当调整后可以适用于所有的交通事故。

率时可以使用幂函数提高准确性。[1]在结合其他国家外部伤亡与总伤亡的比率的基础上，利用这些数据之间的关系推导出该国的其他外部事故成本与外部伤亡事故成本的比例。

附件5-7 计算矫正税的其他数据和规则

本附件将讨论第3章中提到的实施矫正税所需的其他数据和估算假设。这些议题包括如何处理汽车和卡车同时使用柴油的问题；燃料价格引起响应的对策；如何将道路损坏、交通事故、当地污染和拥堵成本转化为相应的矫正燃油税。为了实现这一转化，道路损坏、交通事故、当地污染或者拥堵成本的燃料效率都需要转化为每升燃料可以行驶的里程数。然而，由于很难获得大多数国家燃料效率的准确值（详见下文），这些成本都尽量用单位升表示，以避免使用获取困难的数据。

使用柴油的不同类型车辆：用汽车的外部成本计算汽油的矫正税。然而，柴油是汽车和卡车使用的燃料，在区分不同车辆的矫正柴油税有操作上的困难。因此，以各种车辆使用比例为基础计算的加权平均数被用于矫正柴油税的推算公式中。汽车和卡车使用柴油比例的数据仅在少数国家有记录，其他国家的该项数据是根据所在地区的平均水平推算出来的。[2]

燃料价格引起响应的对策：一项重要的数据来自减少驾驶的燃料需求响应的一小部分（而不是来自燃料效率改进的剩余部分）。对于汽车来说，所有国家的这一需求量假定为0.5。[3]对使用柴油的卡车（由于其高能耗更应提高燃料效率，如减小车辆体积和降低车辆重量）来说，这一需求量假定为0.6（Parry，2008）。

道路损坏：正文中概述的估算过程为道路损坏提供了外部总成本。道

---

① 具体来说，成本比率的估算方程为 $0.049x^{-2.56}$，其中 x 表示外部重大伤亡事故在总伤亡事故中所占的比例。

② 数据来自 ICCT（2010）。例如，在全球范围内，汽车使用的柴油为11%；而在欧盟这一数据是32%。

③ 详见 Small 和 Van Dender（2006）以及 Parry 和 Small（2005）的研究评论。在实践中，这部分的数据因国家不同而不同。例如，在有汽车替代品的国家（增加了驾驶对燃料价格的响应），以及在有约束力的燃料效率规定的国家（降低燃料效率对燃料价格的响应），这一数据可能会更高。然而，没有任何关于国家具体假设的国际数据可用。

路损坏外部总成本和卡车的总柴油用量相除后可以得到以升为单位的数值，再乘以0.6可以得到响应后下降的部分。

交通事故：正文中概述的估算过程也为交通事故提供了外部总成本。然而，若想用升作为衡量单位就会很复杂，因为根据推算汽车和卡车的每公里外部事故总成本都是一样的，由于汽车每升燃油行驶的距离大于卡车，这意味着，如果以升为衡量单位，汽车的外部事故总成本会比卡车大；而柴油汽车的外部事故总成本也会比汽油汽车大（因为柴油汽车的燃料效率更高）。卡车的燃料效率设定为汽油汽车的1/3（Parry，2008），以此类推，柴油汽车比汽油汽车的燃料效率高20%。

通过将所有车辆的总事故成本除以汽油汽车、柴油汽车和卡车的燃料使用量（燃料使用数据在附件6-1中讨论），可以获得每升汽油的外部事故成本，再按照各自燃料效率计算出与汽油汽车之间对应的关系（柴油汽车和卡车分别为1.2和0.33）。然后，对柴油汽车和卡车再进行加权计算。在使用矫正燃油税公式进行计算时，它们分别乘以0.5或者0.6，表示减少的行驶里程数以区别提高的燃料效率。

当地污染：当地污染损害的估算按单位升计算，但换算系数取决于排放的监管方式。以美国为例，其排放的标准是按每公里（或者每英里）估算的，并且在整个车辆的使用周期内几乎保持不变，可以大致认为排放只与行驶里程数有关，与燃料效率无关，因此，需要乘以燃料价格响应的行驶里程。[①]在缺乏监管的国家，排放可能直接与燃料用量相关。这个分析中的计算所用的换算系数0.5（汽油汽车）或者0.6（柴油汽车）适用于澳大利亚、加拿大、中国、新西兰、新加坡、美国以及欧洲国家，1.0（无调节）适用于其他所有国家。更精准的假设恐怕无法适用于矫正燃油税的估值，因为需要考虑相对大规模的交通拥堵和事故成本（见第6章）。

交通拥堵：由于拥堵成本是按每公里估算的，因此需要乘以燃料效率

---

① 在有些案例中，排放标准是以发动机功率为依据(如欧盟国家和那些采用欧盟标准的国家)。据此分析,有的燃料效率的改进,如减少车辆重量会对排放有影响;但有的燃料效率的改进,如更大功率的发动机,则不会对排放有影响。

（详见下文）换算成以升为单位表示（按燃料价格响应的行驶里程进行调整之后）。

　　一个复杂的情况是，与非拥堵路段的驾驶相比，在拥堵路段的驾驶（大部分是因为工作需要）对燃料价格的上升不那么敏感。这一事实造成提高燃料价格无法改善拥堵。根据拥堵和非拥堵时段行驶公里数与燃料价格的关系，Parry和Small（2005）建议在计算矫正燃油税时将拥堵成本缩小3倍，在此我们是这样操作的。

　　燃料效率：燃料效率（针对道路上使用的车辆）可以通过车辆公里数和燃料用量计算得到。然而，车辆公里数的数据在不同国家其可靠性不一样（总的来说，发展中国家的数据会缺乏准确性）。因此，针对不同区域进行了合理的数据假设，该数据适用于该区域的所有国家。例如，根据Parry和Small（2005）以美国、英国为样本的估算，北美的汽油汽车的燃料效率为10.5公里/升（25英里/加仑），欧洲高收入国家和日本的汽油汽车的燃料效率为14.5公里/升（35英里/加仑）。[①]柴油汽车和卡车的燃料效率（分别为1.2和0.33）通过上述比率可以推算出来。其他的假设都会影响拥堵成本在矫正税中的比例。

　　最后，为了简化矫正燃油税的计算，假定各国的燃料效率都是当前的水平，没有因为燃料价格变动而提高。这一假设再次导致了对矫正燃油税的低估，对于一种更省油的汽车来说，与每升燃料的减少相比，行驶里程数的减少（交通拥堵和交通事故）更大，见公式（3-1）。[②]

---

　　① 这些数字因为最近的燃料效率提高而有所调整。其他的假设是中南美洲和欧亚大陆国家为10.5公里/升；低收入欧洲和亚洲国家为12.5公里/升；中东国家为8.5公里/升。

　　② 然而，估算并非十分保守。例如，根据附件6-1和此处的假设，即便汽油价格增加50%，燃料效率的增加也只有12.5%（Small和Van Dender，2006）。

参考文献

Abrantes, P.A.L., and M.R.Wardman (2011) 'Meta-Analysis of UK Values of Travel Time: An Update', Transportation Research Part A: Policy and Practice, 45 (1): 1-17.

Becker, Gary S. (1965) 'A Theory of the Allocation of Time', The Economic Journal, 75:493 511.

Bureau of Transportation Statistics (2012) National Transportation Statistics. Washington: Bureau of Transportation Statistics, US Department of Transportation.

Commissariart Général du Plan (2001) Transports: Choix des Investissements et Coût des Nuisances, Transportation: Choice of Investments and the Cost of Nuisances. Paris.

Duranton, Gilles, and Matthew A.Turner (2011) 'The Fundamental Law of Road Congestion: Evidence from US Cities', American Economic Review, 101:52-2616.

Edlin, Aaron S., and Pinar Karaca-Mandic (2006) 'The Accident Externality from Driving', Journal of Political Economy, 114:55-931.

Eliasson, Jonas (2006) 'Forecasting Travel Time Variability', Proceedings of the European Transport Conference. Henley-in-Arden, U. K.: Association for European Transport.

Fosgerau, M., K.Hjorth, C.Brems, and D.Fukuda (2008) Travel Time Variability: Definition and Valuation. Lyngby, Denmark: DTU Transport.

Fridstrøm, Lasse, Jan Ifver, Siv Ingebrigtsen, Risto Kulmala, and Lars Krogsgåd Thomsen (1995) 'Measuring the Contribution of Randomness, Exposure, Weather, and Daylight to the Variation in Road Accident Counts', Accident Analysis and Prevention, 27:1-20.

Greenwood, Ian D., and Christopher R.Bennett (1996) 'The Effects of Traffic Congestion on Fuel Consumption', Road and Transport Research, 5:18-31.

Herrnstadt, Evan, Ian W.H.Parry, and Juha Siikamäkl (2013) 'Do Alcohol Taxes in Europe and the US Rightly Correct for Externalities', International Tax and Public Finance, published online September 25.

International Council on Clean Transportation (2010) Global Transportation Roadmap Model. Washington: International Council on Clean Transportation.

International Labor Organization (2012) Global Wage Database 2012. Geneva: International Labor Organization, online at: http//: www.ilo.org/travail/areasofwork/wages-and-income/ WCMS_142568/lang—en/index.htm.

International Road Federation (2009) World Road Statistics 2009. Geneva: International Road Federation.

——(2012) World Road Statistics (2012). Geneva: International Road Federation.

Kopits, Elizabeth, and Maureen Cropper (2008) 'Why Have Traffic Fatalities Declined in Industrialized Countries? Implications for Pedestrians and Vehicle Occupants', Journal of Transport Economics and Policy, 42:54-129.

Lindberg, Gunnar (2001) 'Traffic Insurance and Accident Externality Charges', Journal of Transport Economics and Policy, 35:399-416.

Lindsey, Robin (2010) 'Dedicated Lanes, Tolls and Its Technology', in The Future of Interurban Passenger Transport. Paris: Organization for Economic Cooperation and Development.

Mackie, P.J., M.Wardman, A.S.Fowkes, G.Whelan, J.Nellthorp, and J.Bates (2003) 'Values of Travel Time Savings in the UK: Summary Report'. Leeds, U.K.: Institute for Transport Studies, University of Leeds.

Newbery, David M. (1987) 'Road User Charges in Britain', Economic Journal, 98(390) (Supplement): 76-161.

——(1990) 'Pricing and Congestion: Economic Principles Relevant to Pricing Roads', Oxford Review of Economic Policy, 6: 22-38.

Parry, Ian W.H. (2004) 'Comparing Alternative Policies to Reduce Traffic Accidents', Journal of Urban Economics, 56: 68-346.

——(2008) 'How Should Heavy-Duty Trucks be Taxed', Journal of Urban Economics, 63: 68-651.

——, and Kenneth A.Small (2005) "Does Britain or the United States Have the Right Gasoline Tax', American Economic Review, 95(4): 89-1276.

——(2009) 'Should Urban Transit Subsidies Be Reduced,' American Economic Review, 99: 24-700.

Parry, Ian W.H., and Jon Strand (2012) 'International Fuel Tax Assessment: An Application to Chile', Environment and Development Economics, 17: 44-127.

Paterson, William D.O. (1987) Road Deterioration and Maintenance Effects—Models for Planning and Management, World Bank Highway Design and Maintenance Standards Series. Baltimore, Maryland: Johns Hopkins University Press.

Peer, S., C.C.Koopmans, and E.T.Verhoef (2012) 'Prediction of Travel Time Variability for Cost-Benefit Analysis', Transportation Research Part A: Policy and Practice, 46: 79-90.

Schrank, David, Tim Lomax, and Bill Eisele (2011) 2011 Urban Mobility Report. College Station, Texas: Texas Transportation Institute, Texas A&M University.

Small, Kenneth A. (1992) Urban Transportation Economics. In Fundamentals of Pure and Applied Economics Series, vol. 51. Chur, Switzerland: Harwood Academic Press.

Small, Kenneth A., and Jose A. Gómez-Ibáñez (1998) 'Road Pricing for Congestion Management: The Transition from Theory to Policy', in Road Pricing, Traffic Congestion and the Environment: Issue of Efficiency and Social Feasibility, edited by K.J.Button and E.T.Verhoef (Cheltenham, U.K.: Edward Elgar): 46-213.

Small, Kenneth A., and Kurt Van Dender, 2006, 'Fuel Efficiency and Motor Vehicle Travel: The Declining Rebound Effect', Energy Journal, 28(1): 25-52.

Small, Kenneth A., and Erik Verhoef (2007) The Economics of Urban Transportation. New York: Routledge.

Small, Kenneth A., Clifford Winston, and Carol A.Evans (1989) Road Work. Washington: Brookings Institution.

Transport Canada (1994) Guide to Benefit-Cost Analysis in Transport Canada. Ottawa,

Ontario：Transport Canada.

——(2006)Costs of Non-Recurrent Congestion in Canada.Final Report.TP 14664E(Ottawa,Ontario：Transport Canada).

Transportation Research Board (2010) Highway Capacity Manual 2010. Washington：National Academies, online at：http://pereview. net / wp-content / uploads / pdf / hcm-extracts.pdf.

Traynor, Thomas L. (1994) "The Effects of Varying Safety Conditions on the External Costs of Driving," Eastern Economic Journal, 20：45-60.

United States Department of Transportation (1997) The Value of Travel Time：Departmental Guidance for Conducting Economic Valuations. Washington：US Department of Transportation.

United States Federal Highway Administration (1997) 1997 Federal Highway Cost Allocation Study (Washington：Federal Highway Administration, US Department of Transportation).

——(2005)Crash Cost Estimates by Maximum Police-Reported Injury Severity Within Selected Crash Geometries, FHWA-HRT-05-051. Washington：Federal Highway Administration, US Department of Transportation.

Wardman, Mark (1998) 'The Value of Travel Time：A Review of British Evidence', Journal of Transport Economics and Policy, 32：285-316.

——(2001) 'A Review of British Evidence on Time and Service Quality Valuations', Transportation Research E, 37：28-107.

Waters, William G.II (1996) 'Values of Time Savings in Road Transport Project Evaluation', in World Transport Research：Proceedings of 7 th World Conference on Transport Research, vol.3., edited by David Hensher, J.King, and T.Oum.Oxford, U.K.：Pergamon：23-213.

World Bank, 2013, World Development Indicators Database. Washington：World Bank, online at：http://data.worldbank.org/indicator.

World Health Organization (2013) Global Health Observatory Data Repository. Geneva：World Health Organization, online at：http://apps.who.int/gho/data /nodne.main.A 997? lang = en.

[第6章]
合理能源税及其影响

基于前几章所讨论的假设，本章将总结关于煤炭，天然气和汽车燃料的矫正税估测，同时讨论各国税收改革对财政、医疗和环境的影响。在附件6-2中提供了各国的具体信息，包括对目前推行的石油税收或补贴的评估。

6.1 矫正性税额估算

6.1.1 煤 炭

图6-1显示了不同收入水平、地理位置和能源混合的国家的代表性样本中发电厂对煤炭使用的矫正税（反映环境损害的税收）。根据现有发电厂的平均排放比率，说明了对煤炭征收碳排放税（因为每吨排放的二氧化碳可造成的直接损失为35美元）和当地环境污染补偿税的必要性。同时标注了目前各国的税率①（基本为零），根据矫正税评估的建议，2010年全球煤炭的平均价格约为5美元/吉焦。②

在图6-1中矫正税中碳排放的征税比重较大，基本为3.3美元/吉焦，相当于2010年全球煤炭定价的66%。矫正税中不同国家碳排放的比重浮动很小，因为煤炭的每吉焦耳碳排放量浮动很小，而且已知的CO_2排放危

---

① 这些税率的计算是基于各国的实际情况，将其国内的燃料价格和国际燃料价格比较后得出。
② 这个价格和本章中提到的其他全球平均燃料价格都是引自Clements等(2013)。

害适用于所有国家。

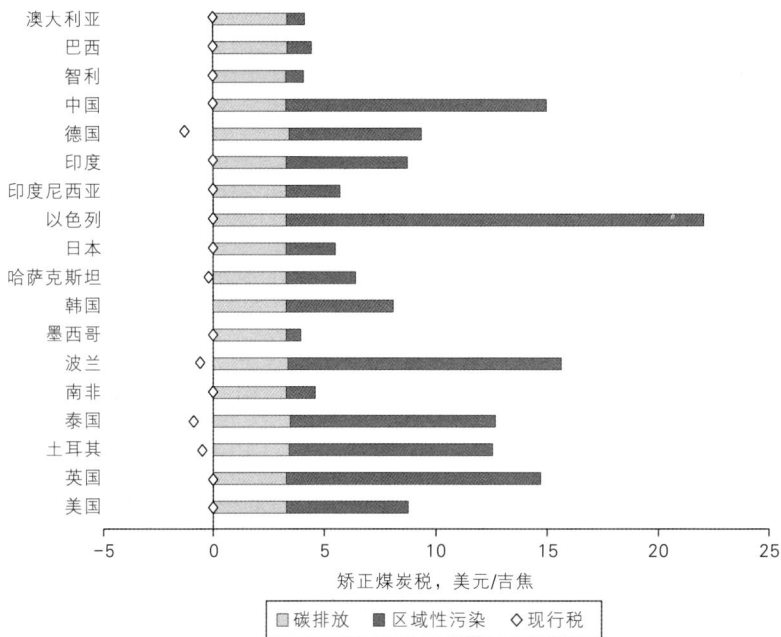

图6-1　2010年各国矫正煤炭税的预估

注：深灰色条是各国污染的矫正税，是根据现有发电厂的平均排放率计算得出的（有的发电厂有环保减排设施，有的发电厂没有）。现行税在竖轴左侧，表示该国有补贴（没有找到韩国矫正煤炭税的数据）。

资料来源：根据第4章的方法计算的结果。

　　值得注意的是，环境污染补偿费用通常大于碳排放费用，只不过该项费用在不同国家之间有很大区别。图6-1显示了有10个国家的污染补偿费用大于碳排放费用，其中有6个国家的污染补偿费用超过碳排放费用的2倍。举例来说，美国的污染补偿费用在矫正税中为5.5美元/吉焦，相当于总矫正税的62%。

　　中国的污染补偿费用在矫正税中为11.7美元/吉焦，事实上，在中国每吨煤炭燃烧造成的危害约是美国每吨煤炭燃烧造成危害的9倍（因为平均排放量更高且接触人数更多）。但是，由于中国的人均收入较低，死亡风险估值也相应较低（见附件表4-1），因此在计算矫正税税率时综合考虑了所有的因素。

当地污染补偿费用在矫正税中并非总是占很大比例。以澳大利亚为例，污染补偿费用是0.8美元/吉焦，原因是接触人数相对较少（大部分污染都在海洋地区扩散了）。

发电厂面对碳排放的高额征税，在其合理预算支持下有安装环保减排设施的强烈需求。图6-2比较了有环保减排设施和没有环保减排设施的发电厂之间缴纳税费的不同（图6-1中的平均排放水平是基于综合排放率的）。不论哪个国家，在安装环保减排设施后，税费可以下降75%，甚至更多。不过，即使目前所有的发电厂都采用了环保减排设施，矫正税中的空气污染费用的比例仍然很高。在图6-1中有7个国家的空气污染矫正税超过碳排放税。[①]

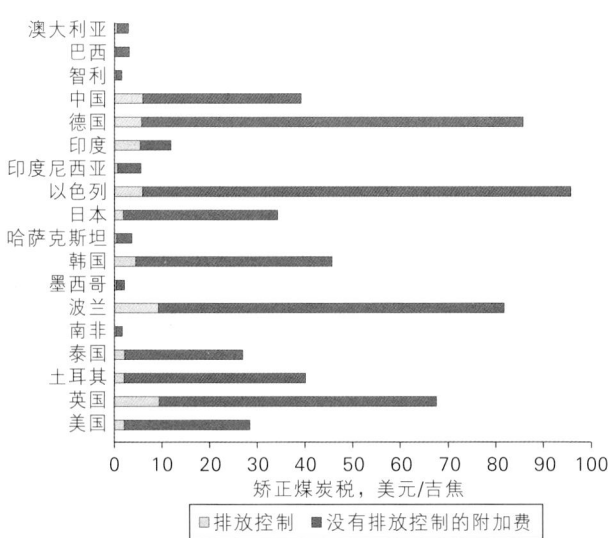

图6-2 2010年在没有控制技术的情况下，各国燃煤电厂对空气污染的矫正税

注：浅灰色色条和深灰色色条的总和是无环保减排设施发电厂应缴纳的煤炭税。浅灰色色条是有环保减排设施且在环境保护方面有良好信誉的发电厂应缴纳的煤炭税。

资料来源：根据第4章的方法计算的结果。

———————————

① 为了提高环保减排技术在发电厂的应用,政府通常采用行政监控的管理方法。然而,包括增加税费在内的财政手段却更加切实可行。在专栏3-1中已经讨论过,财政手段更能促进发电厂减少煤炭燃烧污染物的排放或使用其他洁净能源,同时降低电力需求。

图6-3显示了发电厂在没有排放控制的情况下对空气污染造成的破坏。对大多数国家来说，SO_2是危害最大的污染物（其比重为27%～71%），其次是可吸入颗粒物（PM2.5）的排放。不过，在一些国家（如澳大利亚、巴西、印度、日本和韩国）可吸入颗粒物带来的危害可能更大（其比重为16%～66%）。相比之下，氮氧化物的危害比较轻（2%～16%），因为其排放比率小于SO_2，并且在空气中也不易发生化学反应，不会形成危害健康的颗粒物。

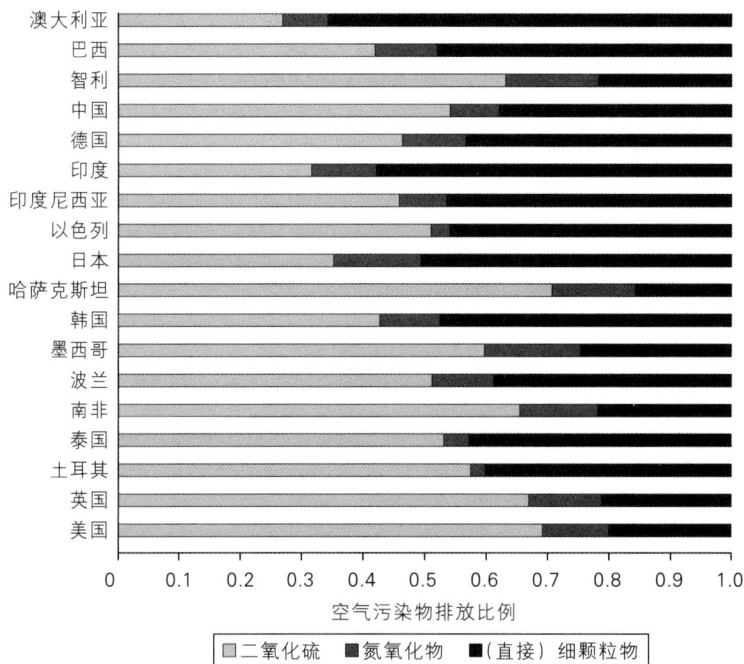

图6-3　2010年各国由燃煤造成的空气污染损害

资料来源：根据第4章的方法计算的结果。

根据所有使用煤炭的国家的平均或当前的排放量预估的矫正煤炭税，与第4章中的硫化物污染区域大致相似（在图6-3中提到了其他污染物的危害，以及当地煤炭燃烧的排放强度）。矫正税在欧洲国家偏高（因为当地的人口密度和人均收入都较高），在非洲国家（能提供数据的）最低，在南美洲、北美洲、亚洲和大洋洲国家处于中间位置。

图6-4显示的仍然是图6-1的内容，即全球各国的矫正煤炭税。但是，所有国家使用了统一的测算标准，即死亡率价值（OECD成员国的平均值），主要是因为存在是否应该对不同国家使用不同标准的争论，所以绘制了图6-4。毫无疑问，人均收入低于OECD平均水平的国家的矫正税预估值大幅度上涨。以中国为例，其空气污染的矫正税从11.7美元/吉焦增加到38.7美元/吉焦。

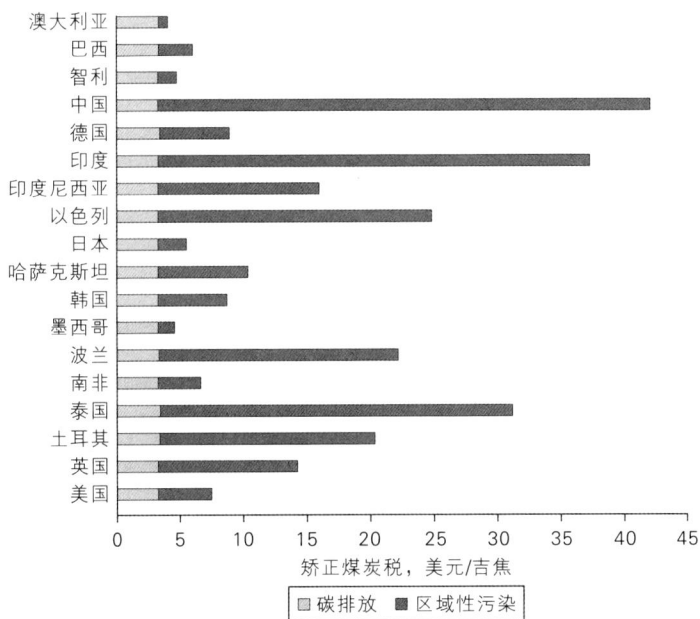

图6-4　2010年用统一的死亡率价值标准计算各国的矫正煤炭税

注：以OECD成员国的平均死亡率价值为统一标准，将图6-1中矫正煤炭税的预估值进行了重新计算。本图的内容和图6-1的内容是一样的，只是计算单位不同。

资料来源：根据第4章的方法计算的结果。

不同国家的矫正税依然有很大差距，这主要是由人口差距和排放率不同造成的。

6.1.2　天然气

图6-5是根据现有发电厂平均水平计算出来的天然气税。目前，大多

数国家天然气税为零，但在一些国家天然气的使用得到了补贴，特别是埃及（1.4美元/吉焦）和印度（1.0美元/吉焦）。总的来说，2010年全球天然气的平均价格为5美元/吉焦。

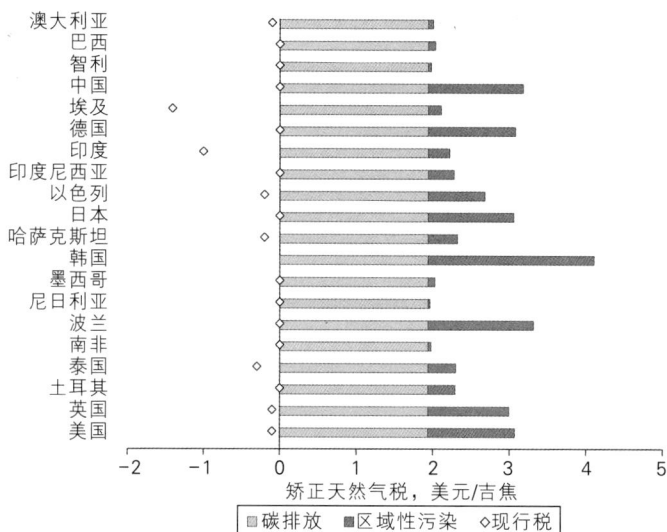

图6-5　2010年各国矫正天然气税的预估

注：没有找到韩国天然气税的数据。现行税在竖轴左侧，表示该国有天然气使用补贴。
资料来源：根据第4章的方法计算的结果。

通过图6-5和图6-1，我们可以清晰地看到煤炭和天然气的显著区别。首先，天然气征收的碳排放税相比煤炭有大幅度的降低，约为1.9美元/吉焦，是煤炭的碳排放税的55%。这是因为天然气燃烧的碳排放量远小于煤炭燃烧的碳排放量。

其次，当地的污染损害也更低。除韩国以外，其他国家空气污染的矫正税都少于碳排放税，并且通常是少了很多。在20个国家中，有7个国家空气污染的矫正税还不到碳排放税的10%。天然气燃烧只会产生极少量的SO_2和PM2.5，而这两项是煤炭燃烧污染空气的罪魁祸首。而且，天然气燃烧产生的氮氧化物也不到煤炭污染排放的一半。

虽然不像煤炭的情况那么突出，但天然气也存在明显的定价过低。目前各国对天然气不是零征税就是补贴。相比之下，含矫正税的天然气上涨了40%，甚至更多。

全球各国矫正天然气税的预估差距明显缩小，这是因为对当地环境危害征收的税费大幅度减少了。

矫正天然气税适用于各种情况，如家庭和发电厂可以使用相同的矫正税，因为这两者对当地环境造成污染的区别可以忽略不计（见附件6-1）。因为矫正天然气税的主要考虑因素是碳排放，其占空气污染的比例很小，所以没有必要区分终端用户。

6.1.3　机动车燃料

图6-6显示的是针对全球各国2010年矫正汽油税的预估，单位是美元/升[①]。该矫正税包括碳排放、当地污染、交通事故和交通拥堵这些方面，使用时不考虑任何附加值或销售税。

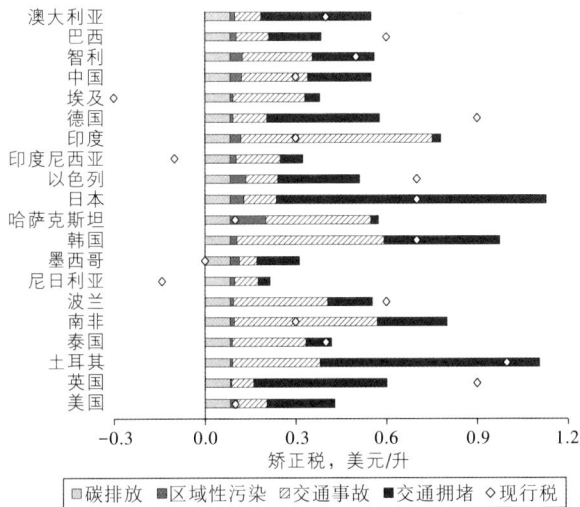

图6-6　2010年各国矫正汽油税的预估

注：换算成美元/加仑，直接乘以3.8。

资料来源：根据第5章的方法计算的结果。

---

① 换算成美元/加仑，直接乘以3.8。

目前，各国现行的汽油税差异巨大：埃及补贴0.30美元/升；巴西、德国、以色列、日本、韩国、波兰、土耳其和英国征税0.60美元/升或更多。总的来说，2010年全球汽油税的平均价格约为0.80美元/升，相当于23美元/吉焦。

在矫正汽油税中，假定碳排放的危害为35美元/吨，所有国家统一征收碳排放税为0.08美元/升，即2.4美元/吉焦，略高于天然气。不过，碳排放税也只占汽油价格很小的比例（约10%）。

与天然气相同，汽油产生的有害污染物SO_2和PM2.5的量也非常小，因此，在矫正汽油税中当地污染税比重通常比碳排放税比重小。在图中所示国家中，碳排放税和当地污染税加起来最多也不会超过0.20美元/升。

但是，汽油税中有一些其他重要的影响指标。由于考虑了交通事故和交通拥堵，矫正汽油税比现行的大多数汽油税要高。对于发达国家来说，交通拥堵是构成矫正汽油税的主要部分，因为损耗的时间价值成本很高；对于发展中国家来说，交通事故是构成汽油矫正税的主要部分（在这些国家，行人承担更高的受伤风险）。因此如图6-6所示，上述费用的增加，使澳大利亚、巴西、智利、中国、埃及、德国、以色列、哈萨克斯坦、波兰、泰国和美国的矫正汽油税升至0.40美元/升～0.60美元/升；使印度、日本、韩国、南非和土耳其的矫正汽油税升至0.80美元/升或更多（这相当于石油的全球税前均价）。

在全球推行汽油税，对大多数有数据可查的国家来说，矫正税至少为0.40美元/升（相当于税前国际价格的50%），或者比这个数字更高。总的来说，大部分OECD国家都在征收汽油税，0.40美元/升的税收金额应该是可以接受的。

现在我们来讨论柴油，相关数据如图6-7所示。这些数据选取了汽车和卡车用油的平均值，其形成的图形看上去与矫正汽油税相似。除了日本、韩国和土耳其的量值很高外，大多数国家矫正税的预估是0.40美元/升～0.80美元/升。对15个国家来说，矫正柴油税比矫正汽油税要高。这表明，无论在任何情况下，柴油的税负应该比汽油重。然而，很多国家对柴油的征税比汽油低（在图6-7中有10个国家，在图2-14中34个OECD国家中有28个国家）。在图6-7中，除了两个国家（以色列和英国）之外，其他国家的矫正柴油税都比现行税高。

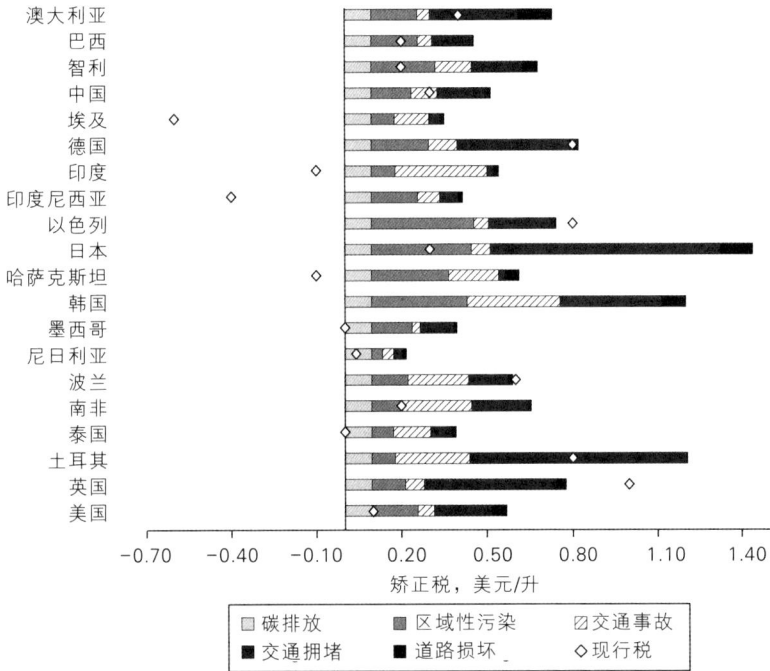

图6-7 2010年各国矫正柴油税的预估

注：换算成美元/加仑，直接乘以3.8。本书没有找到韩国的柴油税数据。

资料来源：根据第5章的方法计算的结果。

与汽油相比，柴油较高的矫正税反映了其较高的排放率（包括碳排放，特别是区域性污染）；大多数柴油都是由卡车使用的，其每辆车的交通拥堵比汽车多；卡车造成更多的道路损坏。不过，在全球各国的矫正税预估中，道路损坏的费用是其次的，最主要的还是空气污染损害的费用。同时，需要考虑的另一个因素是卡车的燃料效率低于汽车，这也就意味着柴油每减少一升而少行进的路程比汽油减少一升而少行进的路程要少得多（即较少的交通拥堵和交通事故）。

事实上，如果在管理层面可操作，那么就可以对汽车使用的柴油征收比卡车更高的税率。虽然两者的区别不大，但是汽车的矫正柴油税确实比卡车的要高（这些结果没有显示在数据中）。

6.2 影 响

对于那些希望通过税收调整以平衡环境和经济发展的政策决策者来说，本章提供的研究结果是有力的依据。很明显，财政、医疗和环境都会从自身需求出发影响税收改革——让政策决策者明确不同改革方案的优先级别。不同的国家影响税收政策的因素也大不相同。举例来说，一个国家的能源结构和财政政策以及能源或运输系统的相关政策都是影响因素。[①]

税收改革方案是根据附件6-1中所描述的粗略计算进行比较评估的。这些比较评估包括使用矫正税后燃料价格会上涨（因为目前各国的燃料不是零税收就是有财政补贴）。燃料价格的变动将引发另一个设想（该设想建立在有限的证据之上），即燃料价格每上涨1个百分点该燃料的使用量会下降0.5个百分点（通过采用节能技术和减少使用高能耗产品等方式）。然后，再根据这些估算出燃料和税收的变化及其对财政、医疗和碳排放的影响。此外，关于煤炭的假设——煤炭税上涨后大量环保减排技术会得到推广——是否能实现也与环保减排技术的推广成本直接相关。因此，实施矫正税和适当的减排措施，才能使所有使用燃煤的发电厂采取排放控制。

这些计算忽略了许多具体问题，如面对高强度碳排放燃料的价格响应机制、燃料转化对应的环境和财政措施等。虽然它们在宏观上具有参考性，但是在财政影响方面，对低收入的家庭而言，某种程度的、夸大的补偿方案需要配套的税制改革。[②]

6.2.1 财政影响

除去不确定的因素，此次燃油税收改革显然会增加财政收入。从图6-8中可以看出，除了2个国家之外，其他国家的预计税收收入都达到或超过了GDP的1%，8个国家超过了3%，中国高达7.5%（因为中国有大量

---

① 例如，某种能源的现行税和矫正税差异较大，不一定表示改革它会比改革其他的能源带来更大的财政和环境变化，因为还需要考虑能源的使用量。

② 例如，Dinan认为，美国完全补偿的煤炭税中，作为最低收入的1/5将抵消12%的税收。

煤炭密集型能源产业）。[①]

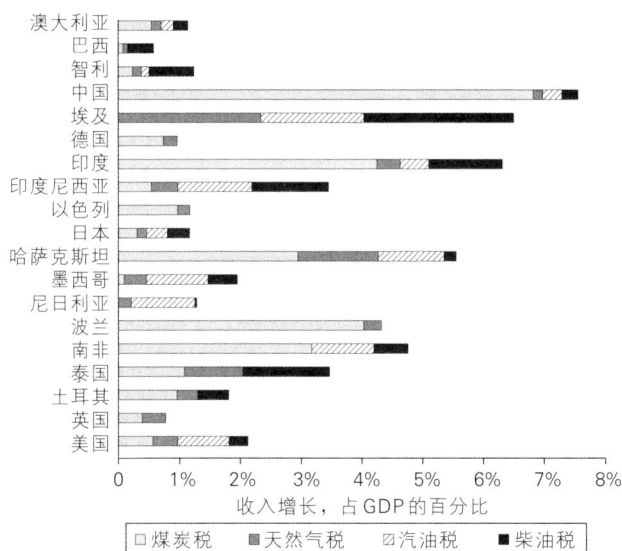

图6-8　2010年各国调整燃油税的潜在收入

注：该图显示了矫正燃油税（它通常是零，如果政府有补贴则为负数）相对于现行燃油税的潜在收入，以GDP的百分比表示。在一些国家，矫正税比现行税要低，潜在收入为零。

资料来源：见附件6-1。

　　即使是在汽车燃油税相对较高的德国和英国，对煤炭和天然气实施矫正税的估计收入也会接近GDP的1%。在全球范围内，收入增长相当于全球GDP的2.6%。[②]这些计算没有考虑到家庭层面上的增值税或类似的税收变化，尽管这部分额外的收入相对较小。

---

　　① 中国矫正煤炭税带来的国家收入高达GDP的6.8%，这个数字十分巨大。它是基于以下假设计算出来的：在受控的排放率下，对当地空气污染的矫正税是6.0美元/吉焦，碳价格为3.3美元/吉焦，两者加起来是煤炭价格(6.4美元/吉焦)的145%。相应的，这减少了36%的煤炭使用量，约为440亿吉焦。将煤炭使用量与矫正税(9.3美元/吉焦)相乘，得出的金额约为4 050亿美元，并且除以中国2010年GDP(59 300亿美元)得出了上述数字。

　　② Clements等(2013)估测全球都存在燃料补贴，这个数字高达全球GDP的3%，其中包括没有考虑环境危害而少征的税收，这也是一种隐性补贴。这种估测的方式十分笼统(通过几个国家的研究推算出全球的情况)。补贴的估算以目前的燃料使用量为准(而不是降低使用量，那样会使燃油价格升高)。

　　潜在收入的构成部分在不同国家也很不一样。例如，在中国、德国、印度、以色列、哈萨克斯坦、波兰、南非和土耳其，煤炭的矫正税是潜在收入的主要组成部分；而在巴西、智利、埃及、印尼、日本、墨西哥、尼日利亚和美国，汽车燃料的矫正税是潜在收入的主要组成部分。在某些国家，天然气的矫正税也是重要的潜在收入（有10个国家这部分的比例占GDP的0.3%，甚至更多）。

6.2.2　健康影响

　　燃油税收改革可以极大地减少由于空气污染造成的过早死亡，尤其是那些煤炭使用量大的国家。在图6-9中，有9个国家的污染导致的死亡率可以下降一半以上。目前，通过减少煤炭燃烧的排放量来减少污染死亡率的方法主要有两种：采用减排的环保技术和减少煤炭使用量。从全球范围来看，推行矫正税可以降低空气污染导致的死亡，降低的死亡率高达63%。

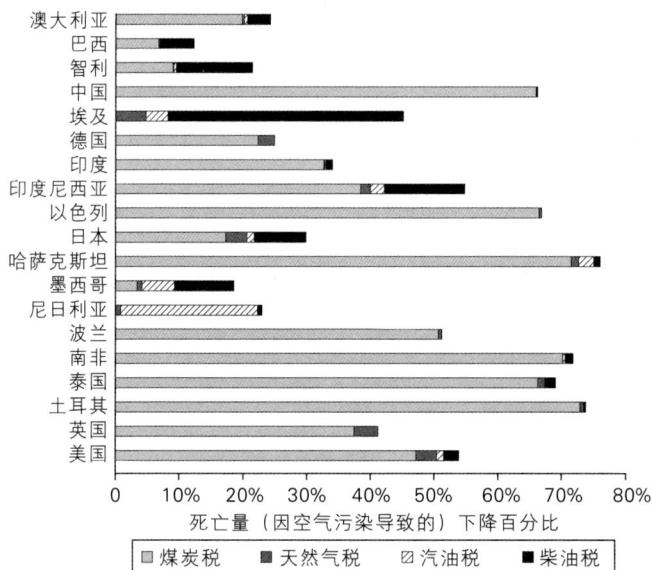

图6-9　2010年各国从矫正燃油税中减少与污染有关的死亡

　　注：数据显示，与当前形势相比，矫正燃油税可减少与化石燃料污染有关的死亡。在少数几个国家，化石燃料的现行税高于矫正税，税收是固定的（因此死亡率没有下降）。

资料来源：见附件6-1。

6.2.3　气候影响

图6-10显示的是燃料矫正税带来的另一个效益：CO_2排放量的大幅度减少，是以2010年的全球排放量为参照。除了2个国家之外，其他国家的减排量都超过了15%，其中，中国的减排量高达34%。[①]从全球数据来看，CO_2的减排总量为23%。

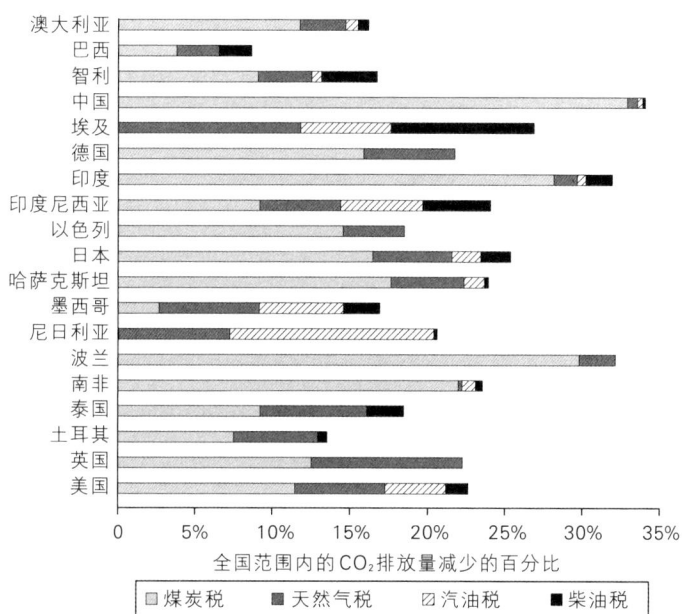

图6-10　2010年各国从矫正燃油税中减少能源相关的二氧化碳排放量

注：数据显示，与当前形势相比，全国能源相关的二氧化碳排放量（相对于2010年水平）减少。在少数几个国家，矫正税低于现行税，税收是固定的（因此没有减排）。

资料来源：见附件6-1。

在图6-10中，除了5个国家之外，其他国家的碳排放量都达到总排放量的50%以上——由于煤炭的高碳强度，以及因矫正税而导致的煤炭价格的大幅度上涨所造成的；而在中国、印度、波兰和南非的碳排放量至

---

① 这些减排的设想含蓄地反映了专栏3-1总结的几种主要行为响应。

少占总排放量的85%以上。然而，在大多数国家，由于天然气和汽车燃料矫正税的推广而减少的碳排放量也不容小觑。

6.3　小　结

税收改革可以带来巨大的财政红利（占全球GDP的2.6%），即使是在拥有高汽车燃油税的国家也是如此；全球二氧化碳排放量将显著减少（23%）；特别是煤炭税的推行，使与污染相关的死亡人数大幅度减少（63%）。

煤炭定价普遍过低，不仅没有考虑到碳排放的因素，更没有考虑到空气污染造成的医疗费用。同时，各个国家对污染的适当收费相差很大。

大多数发达国家和发展中国家都需要对汽车燃料征收重税，但更多的是反映交通拥堵和交通事故的成本，而不是碳排放和污染的成本。对于那些征收汽车燃油税的国家来说，改革的主要机会是改变税收方式：以里程为基础的收费，从而达到改善交通拥堵的效果。尽管与煤炭相比天然气的矫正税低很多（由于空气污染等税收比重较小），但是它也会带来可观的收入和降低CO_2排放量。总之，能源价格改革有利于整个国家的利益。

附件6-1　用于评估燃油税改革影响的数据和假设

在此，提供一些关于计算燃油税改革影响的数据。

首先，国家制定燃料价格，这个价格需要面对的消费者主要是家庭和发电厂。该价格来源于IMF的数据库，参考了许多资料（Clements等，2013）。[①]

其次，2010年各个国家的四种燃料使用量的数据来自Clements等

---

① 关于石油类产品,OECD国家的国内价格信息来源于公开的渠道,其他国家的国内价格信息则在各国官方提供给IMF的数据基础上,综合了Ebert等(2009)的调查数据计算得出。那些没有直接数据的国家,其国内价格是通过观察其国际石油交易的价格估算出来的。由于缺乏各个国家关于煤炭和天然气的数据,所以Clements等(2013)主要是通过国际价格推算出国内价格。他们在推算时考虑了交通和物流的成本,同时减去由OECD和IEA量化出来的国家补贴(有的国家补贴费用十分巨大)。

（2013），而他们的数据来源是 OECD 和 IEA（国际能源署）。柴油使用量的数据直接取自 IEA。燃料使用量都是家庭和企业用量的总和——柴油用于所有的交通工具，天然气用于电厂、工厂和家庭。

再次，下面的这个函数公式是计算能源价格调整与能源需求量变化关系的：

$$Q1 = \left(\frac{p_1}{p_0}\right)^{\eta} Q_0 \qquad\qquad 公式（6-1）$$

在公式（6-1）中，Q 和 p 分别是指特定燃料的使用量和价格，下角标 0 和 1 分别是指初始（目前）燃油税率和调整后的燃油税率。η 代表燃料价格弹性，即燃料价格每增加 1 个百分点该燃料使用量的变化。燃油税在此假定全部由燃料使用者承担。[1]

本书对所有国家的各种燃料的计算都使用相同的价格弹性，即 $\eta = -0.5$（表示燃料价格每增加 1 个百分点，该燃料的使用量减少 0.5 个百分点）。有许多关于不同国家石油价格弹性的研究，本书综合了各种文献，选取了一个中间近似值。[2] 这一假设可能对煤炭和天然气的价格响应能力有所夸大（US EIA，2012）。如果是这样，能源税收改革的财政影响就被低估了。与此同时，CO_2 排放和健康影响就被高估了。此处很难做出一个概述，例如，由于有的国家在可再生能源和核能源方面极具发展潜力，因此煤炭和天然气的价格响应就相对较大；而不具备可再生能源和核能源发展潜力的国家的情况就完全不一样了。另外，需要注意的是，为了保证计算的合理性，公式（6-1）在计算时必须保证能源数据的独立性。这种缺乏交互作用的计算方式会夸大某种能源改革的影响，尤其是当这种能源有可替代能源时（如发电厂对煤炭和天然气的使用；交通工具对柴油和汽油的使用）。如果是这样，财政收入就相对被低估了，而 CO_2 排放和健康影响就被高估了。

---

[1] 在现实中，由于燃料需求和供给曲线的变化，燃料价格有时候会下调，但是这部分影响相对适中（Bovenberg 和 Goulder，2010）。

[2] 在 Parry、Walls 和 Harrington（2007）以及 Sterner（2007）中有大量引用。

第4条信息是现行消费税（或补贴）税率。这些数据来源于 Clements 等（2013）的数据库，这个数据库还有关于燃料价格的估算，该估算包括了不同的地区，主要是以国际燃料价格（根据交通和物流成本调整）为基础。在扣除增值税之后，消费税（或补贴）是指用户价格和生产商价格之间的差异。

公式（6-1）可以计算燃料使用的变化。新燃料价格和初始燃料价格的区别在于矫正税和现行消费税（它们通常是零，有时是负数。如果是负数，则增加的价格就会超过矫正税）的不同。[①]矫正税带来的收入是指产品的消费税和在此税率（Q_1）下使用的能源用量。收入的变化是初始税和初始能源用量（Q_0）的减少。如果之前有燃料补贴，那么收入的变化就会超过矫正税的收入。

要计算矫正税的健康效益，就必须假定所有使用煤炭和天然气的企业都将因为矫正税的出台而采用环保减排技术，如果是这样的话，想要获得相关数据只要在各个国家找到一个已经采用环保减排技术的企业作为典型代表即可。这个方法看似较为合理，因为将安装和运营减排技术的成本与理想中推行矫正税税率后的税费做了一个快速比较。[②]降低死亡率的计算方式是，燃料使用量的矫正税乘以 SO_2、PM2.5 和 NO_x 的加权总和，即每吨的排放量减去初始燃料消耗乘以相应的加权总和。对于第一个数值，使用受控的排放因子。对于第二个数值，使用控制和不受控的排放因子的加权平均值。

最后，根据税收引起的燃料减少以及燃料的固定碳排放因子计算出 CO_2 减排量。[③]

---

① 煤炭和天然气价格的上涨被低估了，因为这里忽视了在工厂中增加排放控制技术以应对矫正税的额外成本。

② 以 Dallas Burtraw 提供的数据为例，过去10年美国500兆瓦以上燃煤发电站安装和使用 SO_2 过滤装置的成本约为3亿美元。这些过滤装置减排量达98%（否则排放量为每年42 000吨），假定使用矫正税，每吨 SO_2 的缴税额为17 000美元，那总数将高达55亿美元，是采用减排技术成本的18倍。

③ CO_2 减排的表述与设定的四种燃料减排底线有出入（略低于总体的能源减排量，因为它没有考虑燃料产品）。

附件6-2　各国现行税、矫正税及其影响

下列各附件表逐一总结了全球各国及地区的税收数据。在附件表6-1至附件表6-4中分别给出了煤炭、天然气、汽油和柴油的矫正税估值，税收改革的财政影响（用GDP百分比表示），税收改革对健康和环境的影响，以及对现行燃料消费税的预估。

附件表6-1　　　2010年全球各国及地区矫正燃油税的预估

国家/地区	煤炭		天然气		汽油	柴油
	美元/吉焦		美元/吉焦		美元/升	美元/升
	所有工厂平均值	有减排技术的工厂	所有工厂平均值	参考值		
北美						
加拿大	4.9	4.1	2.2	2.1	0.55	0.64
墨西哥	3.9	3.6	2.0	2.1	0.31	0.40
美国	8.7	5.4	3.1	2.3	0.43	0.57
中南美洲						
阿根廷	9.7	3.8	2.1	2.0	**#na**	**#na**
巴巴多斯	#na	#na	3.2	**#na**	**#na**	**#na**
玻利维亚	#na	#na	2.0	1.9	0.30	0.29
巴西	4.4	3.6	2.0	2.0	0.39	0.45
智利	4.1	3.6	2.0	2.0	0.56	0.68
哥伦比亚	4.8	3.5	2.1	2.0	0.72	0.72
哥斯达黎加	**#na**	**#na**	#na	2.0	0.51	0.49
古巴	**#na**	**#na**	2.3	2.0	**#na**	**#na**
多米尼加共和国	5.7	3.7	**#na**	2.0	0.93	0.76
厄瓜多尔	#na	#na	2.0	1.9	0.35	0.35
萨尔瓦多	#na	#na	#na	1.9	0.55	0.42
危地马拉	4.0	3.4	#na	1.9	**#na**	**#na**

国家/地区	煤炭		天然气		汽油	柴油
	美元/吉焦		美元/吉焦		美元/升	美元/升
	所有工厂平均值	有减排技术的工厂	所有工厂平均值	参考值		
洪都拉斯	#na	#na	#na	2.0	0.41	#na
牙买加	#na	#na	#na	2.0	0.36	0.35
尼加拉瓜	#na	#na	2.0	#na	0.39	0.36
巴拿马	4.6	3.5	#na	2.0	0.47	0.48
巴拉圭	#na	#na	#na	1.9	0.56	0.48
秘鲁	3.6	3.3	2.0	2.0	0.60	0.50
圣文森特和格林纳丁斯群岛	#na	#na	#na	#na	#na	0.16
苏里南	#na	#na	#na	1.9	0.22	0.38
特立尼达和多巴哥	#na	#na	2.1	#na	#na	#na
乌拉圭	#na	#na	2.2	2.0	0.65	0.54
委内瑞拉	#na	#na	2.1	2.0	0.48	0.57
欧洲						
阿尔巴尼亚	#na	#na	#na	#na	0.53	0.53
奥地利	6.4	6.4	2.9	2.1	0.56	0.75
比利时	20.4	20.4	3.0	2.1	0.80	0.90
波斯尼亚和黑塞哥维那	#na	#na	#na	2.0	0.37	0.47
保加利亚	57.0	9.7	#na	2.0	0.51	0.61
克罗地亚	36.1	11.0	4.6	2.1	0.46	0.66
塞浦路斯	#na	#na	#na	2.0	0.42	0.45
捷克共和国	18.6	18.6	3.2	2.1	0.53	0.69
丹麦	5.0	5.0	2.7	2.0	1.28	1.44

续表

国家/地区	煤炭		天然气		汽油	柴油
	美元/吉焦		美元/吉焦		美元/升	美元/升
	所有工厂平均值	有减排技术的工厂	所有工厂平均值	参考值		
芬兰	6.0	5.7	2.7	2.1	0.63	0.86
法国	11.1	11.1	3.0	2.2	0.73	0.95
德国	9.3	9.1	3.1	2.1	0.58	0.82
希腊	18.8	12.4	2.4	2.0	0.59	0.74
匈牙利	25.5	15.5	3.7	2.1	0.46	0.54
冰岛	#na	#na	#na	#na	0.52	0.69
爱尔兰	6.9	5.1	2.3	2.0	0.61	0.72
意大利	5.8	5.8	2.6	2.1	0.53	0.75
卢森堡	#na	#na	3.7	#na	0.86	0.91
马其顿	35.3	7.9	4.1	2.0	#na	#na
马耳他	#na	#na	#na	#na	0.47	0.58
黑山共和国	34.2	6.5	#na	2.0	#na	#na
荷兰	6.6	6.6	3.0	2.1	0.70	0.89
挪威	#na	#na	2.3	2.2	1.04	1.52
波兰	15.6	12.6	3.3	2.1	0.55	0.59
葡萄牙	6.9	5.3	2.3	2.0	0.52	0.64
罗马尼亚	39.2	12.8	3.9	2.0	0.59	0.63
塞尔维亚	38.5	8.7	3.7	2.0	0.41	0.53
斯洛伐克共和国	12.3	11.6	3.0	2.0	0.47	0.54
斯洛文尼亚	17.6	15.5	3.7	2.1	0.37	0.45
西班牙	11.2	7.8	2.4	2.2	0.65	0.90
瑞典	5.1	5.1	2.4	2.1	0.63	0.85

续表

国家/地区	煤炭		天然气		汽油	柴油
	美元/吉焦		美元/吉焦		美元/升	美元/升
	所有工厂平均值	有减排技术的工厂	所有工厂平均值	参考值		
瑞士	#na	#na	3.5	2.1	0.94	1.13
土耳其	12.5	5.4	2.3	2.0	11.1	1.20
英国	14.7	12.7	3.0	2.1	0.60	0.77
欧亚大陆						
亚美尼亚	#na	#na	2.3	2.0	0.30	0.20
阿塞拜疆	#na	#na	2.5	2.0	0.64	0.69
白俄罗斯	#na	#na	4.1	2.1	0.46	1.00
爱沙尼亚	#na	#na	2.7	2.0	0.24	0.37
格鲁吉亚	#na	#na	2.3	2.0	0.43	0.47
哈萨克斯坦	6.4	3.8	2.3	2.0	0.57	0.61
吉尔吉斯斯坦	5.5	3.6	#na	1.9	0.31	0.26
拉脱维亚	13.7	10.3	3.6	2.1	0.44	0.71
立陶宛	#na	#na	2.8	2.1	0.63	0.82
俄罗斯	15.0	11.1	3.8	2.4	1.05	2.06
塔吉克斯坦	#na	#na	#na	1.9	0.63	#na
土库曼斯坦	#na	#na	2.3	2.0	#na	#na
乌克兰	32.9	10.1	3.6	2.0	0.39	0.50
乌兹别克斯坦	6.3	4.1	2.1	1.9	#na	#na
中东						
巴林	#na	#na	2.3	2.0	0.31	0.36
伊朗	#na	#na	2.2	2.0	0.60	0.59
伊拉克	#na	#na	2.0	1.9	#na	#na

续表

国家/地区	煤炭		天然气		汽油	柴油
	美元/吉焦		美元/吉焦		美元/升	美元/升
	所有工厂平均值	有减排技术的工厂	所有工厂平均值	参考值		
以色列	22.0	9.2	2.7	#na	0.51	0.74
约旦	#na	#na	2.0	2.0	0.34	0.31
科威特	#na	#na	#na	2.1	0.67	0.89
黎巴嫩	#na	#na	2.2	2.0	#na	#na
阿曼	#na	#na	2.3	2.0	0.54	0.50
卡塔尔	#na	#na	2.8	2.0	#na	#na
沙特阿拉伯	#na	#na	2.2	2.0	0.52	0.54
叙利亚	#na	#na	2.1	2.0	0.73	0.63
阿联酋	#na	#na	2.2	2.0	#na	#na
非洲						
阿尔及利亚	#na	#na	2.1	2.0	#na	#na
安哥拉	#na	#na	2.0	2.0	#na	#na
贝宁	#na	#na	#na	1.9	0.17	0.16
博茨瓦纳	4.1	3.4	2.0	#na	0.56	0.40
布基纳法索	#na	#na	#na	1.9	0.12	0.13
布隆迪	#na	#na	#na	1.9	0.13	0.13
佛得角	#na	#na	#na	#na	0.83	0.51
喀麦隆	#na	#na	2.0	1.9	0.15	0.17
中非共和国	#na	#na	#na	1.9	0.82	0.49
科摩罗	#na	#na	#na	#na	0.15	0.14
刚果	#na	#na	1.9	1.9	0.13	#na
科特迪瓦	#na	#na	1.9	1.9	0.41	0.29

国家/地区	煤炭		天然气		汽油	柴油
	美元/吉焦		美元/吉焦		美元/升	美元/升
	所有工厂平均值	有减排技术的工厂	所有工厂平均值	参考值		
埃及	**#na**	**#na**	2.1	2.0	0.38	0.35
埃塞俄比亚	#na	#na	#na	1.9	0.41	0.27
冈比亚	#na	#na	#na	1.9	0.14	0.14
加纳	#na	#na	1.9	**#na**	0.28	0.23
几内亚比绍	#na	#na	#na	1.9	0.46	0.31
肯尼亚	**#na**	**#na**	1.9	**#na**	0.45	0.33
利比里亚	#na	#na	#na	1.9	0.69	0.43
利比亚	#na	#na	2.1	2.0	**#na**	**#na**
马达加斯加	**#na**	**#na**	#na	1.9	0.21	0.18
马拉维	**#na**	**#na**	1.9	1.9	0.47	0.31
马里	#na	#na	#na	1.9	0.38	0.26
毛里求斯	3.6	3.3	#na	#na	0.57	0.37
摩洛哥	4.5	3.5	2.0	2.0	0.64	0.47
莫桑比克	**#na**	**#na**	**#na**	1.9	0.44	0.29
纳米比亚	3.5	3.4	#na	1.9	**#na**	**#na**
尼日尔	**#na**	**#na**	#na	1.9	0.25	0.19
尼日利亚	**#na**	**#na**	2.0	1.9	0.22	0.22
卢旺达	#na	#na	#na	1.9	0.31	0.23
圣多美和普林西比	#na	#na	#na	#na	0.24	0.19
塞内加尔	3.4	3.4	**#na**	1.9	0.18	0.18
塞舌尔	#na	#na	#na	#na	0.52	0.34
塞拉利昂	#na	#na	#na	1.9	0.16	0.14

续表

国家/地区	煤炭		天然气		汽油	柴油
	美元/吉焦		美元/吉焦		美元/升	美元/升
	所有工厂平均值	有减排技术的工厂	所有工厂平均值	参考值		
南非	4.6	3.6	2.0	#na	0.80	0.65
苏丹	#na	#na	1.9	1.9	0.11	0.13
斯威士兰	#na	#na	#na	#na	0.48	0.32
坦桑尼亚	#na	#na	1.9	1.9	0.51	0.33
多哥	#na	#na	1.9	#na	0.20	0.17
突尼斯	#na	#na	2.1	2.0	0.61	0.44
乌干达	#na	#na	#na	1.9	0.51	0.33
赞比亚	#na	#na	#na	1.9	0.70	0.42
津巴布韦	3.3	3.3	#na	1.9	0.22	0.20
亚洲和大洋洲						
阿富汗	#na	#na	2.0	1.9	0.17	0.17
澳大利亚	4.1	3.9	2.0	2.1	0.55	0.73
孟加拉	8.3	4.2	2.3	2.0	0.45	0.43
不丹	#na	#na	#na	#na	0.96	0.58
文莱	#na	#na	3.9	#na	0.29	0.25
柬埔寨	#na	#na	#na	#na	0.73	0.52
中国	15.0	9.2	3.2	2.5	0.55	0.51
斐济	#na	#na	#na	#na	0.58	0.40
中国香港地区	16.5	17.7	4.7	#na	#na	#na
印度	8.7	8.7	2.2	2.0	0.78	0.54
印尼	5.7	4.0	2.3	2.0	0.32	0.42
日本	5.5	5.1	3.1	2.5	1.13	1.44

续表

国家/地区	煤炭		天然气		汽油	柴油
	美元/吉焦		美元/吉焦		美元/升	美元/升
	所有工厂平均值	有减排技术的工厂	所有工厂平均值	参考值		
基里巴斯	#na	#na	#na	#na	0.18	0.17
韩国	8.1	7.7	4.1	2.3	0.98	1.20
马来西亚	5.3	4.7	2.3	2.0	0.55	0.58
马尔代夫	#na	#na	#na	0.58	0.52
蒙古国	7.4	4.5	#na	#na	0.48	0.54
新西兰	4.1	3.7	2.0	2.0	0.44	0.55
巴基斯坦	7.3	4.5	2.3	2.0	0.31	0.29
巴布亚新几内亚	#na	#na	**#na**	**#na**	0.34	0.26
菲律宾	5.9	4.1	2.1	#na	0.25	0.32
萨摩亚	#na	#na	#na	#na	0.20	0.17
新加坡	**#na**	**#na**	2.9	2.9	1.29	2.18
斯里兰卡	5.7	3.7	#na	#na	0.63	0.42
中国台湾地区	6.0	6.3	4.4	**#na**	**#na**	**#na**
泰国	12.7	5.6	4.4	**#na**	0.42	0.39
越南	5.5	3.8	2.1	**#na**	0.46	0.43

　　注：该表显示了煤炭和天然气的矫正税的估计，反映了碳排放和当地污染物排放的综合损害；该表还显示了汽油和柴油的矫正税的估计，反映了碳排放和当地污染物排放、交通拥堵、交通事故、道路损坏（卡车）的综合损害；煤炭的矫正税有两组数据，分别是针对未采用减排技术的工厂和采用了减排技术的工厂（如果这两个数据相同，要么表示所有工厂已经采用了减排技术，要么表示所有工厂都未采用减排技术）。当有两个或两个以上的矫正税的组成部分不能被估计时，则无法在报告中估算出矫正的汽车燃油税。粗体#na=数据缺失，其他#na=燃料未被使用。

　　资料来源：见第3章和第4章。

附件表6-2　　　2010年全球各国及地区税收改革的财政影响

（用GDP的百分比表示）

国家/地区	煤炭税		天然气税		汽油税		柴油税	
	收入来自		收入来自		收入来自		收入来自	
	矫正税	税额变化	矫正税	税额变化	矫正税	税额变化	矫正税	税额变化
北美								
加拿大	0.2	0.2	0.4	0.4	1.3	0.5	0.6	0.3
墨西哥	0.1	0.1	0.4	0.4	1.1	1.0	0.5	0.5
美国	0.6	0.6	0.4	0.4	1.3	0.8	0.4	0.3
中南美洲								
阿根廷	0.0	0.0	0.8	1.3	#na	#na	#na	#na
巴巴多斯	#na	#na	0.0	0.0	#na	#na	#na	#na
玻利维亚	#na	#na	0.9	0.9	1.4	1.3	1.5	2.6
巴西	0.1	0.1	0.1	0.1	0.9	0.0	0.7	0.4
智利	0.2	0.2	0.1	0.1	0.9	0.1	1.0	0.7
哥伦比亚	0.1	0.1	0.2	0.2	1.0	0.1	0.9	0.6
哥斯达黎加	#na	#na	#na	#na	1.2	0.6	1.0	1.0
古巴	#na	#na	#na	#na	#na	#na	#na	#na
多米尼加共和国	0.1	0.1	#na	#na	1.7	1.0	0.7	0.6
厄瓜多尔	#na	#na	0.1	0.1	1.0	2.7	0.5	2.1
萨尔瓦多	#na	#na	#na	#na	1.2	1.2	0.8	0.9
危地马拉	0.1	0.1	#na	#na	#na	#na	#na	#na
洪都拉斯	#na	#na	#na	#na	1.5	1.0	#na	#na
牙买加	#na	#na	#na	#na	1.5	1.2	1.3	1.2
尼加拉瓜	#na	#na	#na	#na	1.2	0.7	#na	#na
巴拿马	0.0	0.0	#na	#na	1.1	1.3	0.9	1.3

续表

国家/地区	煤炭税		天然气税		汽油税		柴油税	
	收入来自		收入来自		收入来自		收入来自	
	矫正税	税额变化	矫正税	税额变化	矫正税	税额变化	矫正税	税额变化
巴拉圭	#na	#na	#na	#na	1.3	0.5	2.5	2.2
秘鲁	0.1	0.1	0.3	0.3	0.6	0.1	1.2	0.9
圣文森特和格林纳丁斯群岛	#na	#na	#na	#na	#na	#na	#na	#na
苏里南	#na	#na	#na	#na	#na	0.0	#na	0.8
特立尼达和多巴哥	#na	#na	7.1	7.1	#na	#na	#na	#na
乌拉圭	#na	#na	0.0	0.0	0.8	0.1	1.0	0.2
委内瑞拉	#na	#na	0.5	0.8	0.3	2.8	0.1	0.7
欧洲								
阿尔巴尼亚	#na	#na	#na	#na	0.7	0.0	3.2	0.7
奥地利	0.2	0.2	0.2	0.2	0.4	0.0	1.3	0.2
比利时	0.3	0.3	0.4	0.4	0.3	0.0	1.5	0.4
波斯尼亚和黑塞哥维那	#na	#na	#na	#na	0.8	0.0	2.8	0.3
保加利亚	4.4	4.4	#na	#na	0.9	0.0	2.2	0.3
克罗地亚	0.3	0.3	0.6	0.6	0.7	0.0	1.5	0.2
塞浦路斯	#na	#na	#na	#na	1.0	0.0	0.8	0.0
捷克共和国	4.1	4.1	0.4	0.4	0.7	0.0	1.5	0.0
丹麦	0.2	0.2	0.1	0.1	0.8	0.2	1.2	0.5
芬兰	0.3	0.3	0.1	0.1	1.0	0.1	1.0	0.1
法国	0.1	0.1	0.2	0.2	0.3	0.0	1.3	0.3
德国	0.6	0.7	0.2	0.2	0.5	0.0	0.8	0.1
希腊	1.1	1.2	0.1	0.1	1.1	0.0	0.8	0.0
匈牙利	0.9	0.9	0.9	0.9	0.7	0.0	1.3	0.0
冰岛	#na	#na	#na	#na	0.9	0.0	0.7	0.0
爱尔兰	0.1	0.2	0.2	0.2	0.6	0.0	1.0	0.0

续表

国家/地区	煤炭税 收入来自		天然气税 收入来自		汽油税 收入来自		柴油税 收入来自	
	矫正税	税额变化	矫正税	税额变化	矫正税	税额变化	矫正税	税额变化
意大利	0.1	0.1	0.3	0.3	0.4	0.0	1.0	0.1
卢森堡	#na	#na	0.3	0.3	0.7	0.2	3.3	1.4
马其顿	#na	#na	#na	#na	#na	#na	#na	#na
马耳他	#na	#na	#na	#na	0.6	0.0	0.9	0.0
黑山共和国	#na	#na	#na	#na	#na	#na	#na	#na
荷兰	0.2	0.2	0.5	0.5	0.5	0.0	0.9	0.2
挪威	#na	#na	0.1	0.1	0.4	0.0	0.9	0.3
波兰	3.7	4.0	0.3	0.3	0.7	0.0	1.5	0.1
葡萄牙	0.1	0.1	0.2	0.2	0.5	0.0	1.5	0.1
罗马尼亚	1.7	1.7	0.8	0.8	0.7	0.0	1.3	0.2
塞尔维亚	6.3	6.3	0.6	0.6	0.8	0.0	1.9	0.2
斯洛伐克共和国	#na	#na	#na	#na	#na	#na	#na	#na
斯洛文尼亚	1.3	1.3	0.2	0.2	0.7	0.0	1.4	0.0
西班牙	0.1	0.2	0.2	0.2	0.4	0.0	1.6	0.6
瑞典	0.1	0.1	0.0	0.0	0.7	0.0	0.8	0.0
瑞士	#na	#na	0.1	0.1	0.7	0.2	0.5	0.2
土耳其	0.9	1.0	0.3	0.3	0.4	0.0	1.6	0.5
英国	0.4	0.4	0.4	0.4	0.6	0.0	1.0	0.0
欧亚大陆								
亚美尼亚	#na	#na	1.1	1.1	0.8	0.2	0.3	0.2
阿塞拜疆	#na	#na	1.3	1.8	1.2	1.0	0.5	0.6
白俄罗斯	#na	#na	4.1	4.1	1.2	0.2	2.3	1.9
爱沙尼亚	#na	#na	0.3	0.3	0.5	0.0	1.1	0.0
格鲁吉亚	#na	#na	0.7	0.7	1.7	0.7	1.3	0.9
哈萨克斯坦	2.8	3.0	1.2	1.3	1.4	1.1	0.2	0.2

国家/地区	煤炭税		天然气税		汽油税		柴油税	
	收入来自		收入来自		收入来自		收入来自	
	矫正税	税额变化	矫正税	税额变化	矫正税	税额变化	矫正税	税额变化
吉尔吉斯斯坦	#na	#na	#na	#na	#na	#na	#na	#na
拉脱维亚	0.1	0.1	0.7	0.7	0.8	0.0	2.3	0.5
立陶宛	#na	#na	0.6	0.6	0.7	0.0	2.2	0.8
俄罗斯	2.2	2.2	3.0	3.9	1.9	1.9	1.0	1.1
塔吉克斯坦	#na	#na	#na	#na	1.0	0.8	#na	#na
土库曼斯坦	#na	#na	6.1	20.5	#na	#na	#na	#na
乌克兰	7.9	7.9	4.6	7.9	1.5	0.9	0.8	0.9
乌兹别克斯坦	0.5	0.5	7.1	28.7	#na	#na	#na	#na
中东								
巴林	#na	#na	2.9	2.9	0.7	1.7	0.4	1.5
伊朗	#na	#na	2.2	8.0	1.4	3.0	0.3	3.1
伊拉克	#na	#na	0.2	0.4	#na	#na	#na	#na
以色列	1.0	1.0	0.2	0.2	0.8	0.0	0.6	0.0
约旦	#na	#na	0.6	0.6	1.6	1.0	0.7	1.1
科威特	#na	#na	#na	#na	0.8	1.5	0.4	0.9
黎巴嫩	#na	#na	0.0	0.0	#na	#na	#na	#na
阿曼	#na	#na	1.8	4.0	1.3	2.0	0.1	0.2
卡塔尔	#na	#na	2.0	3.5	#na	#na	#na	#na
沙特阿拉伯	#na	#na	0.9	0.9	1.0	2.3	0.5	2.3
叙利亚	#na	#na	0.9	0.9	2.4	1.6	1.5	3.0
阿联酋	#na	#na	1.4	4.8	#na	#na	#na	#na
非洲								
阿尔及利亚	#na	#na	1.0	6.2	#na	#na	#na	#na
安哥拉	#na	#na	0.0	0.0	#na	#na	#na	#na
贝宁	#na	#na	#na	#na	2.1	0.2	1.3	1.4

续表

国家/地区	煤炭税		天然气税		汽油税		柴油税	
	收入来自		收入来自		收入来自		收入来自	
	矫正税	税额变化	矫正税	税额变化	矫正税	税额变化	矫正税	税额变化
博茨瓦纳	0.5	0.5	#na	#na	1.5	1.3	0.8	0.7
布基纳法索	#na	#na	#na	#na	0.3	0.0	0.6	0.0
布隆迪	#na	#na	#na	#na	0.3	0.0	0.7	0.0
佛得角	#na	#na	#na	#na	1.7	0.2	1.9	0.7
喀麦隆	#na	#na	0.1	0.1	0.3	0.0	0.5	0.1
中非共和国	#na	#na	#na	#na	1.7	0.4	2.4	0.0
科摩罗	#na	#na	#na	#na	#na	#na	#na	#na
刚果	#na	#na	#na	#na	#na	#na	#na	#na
科特迪瓦	#na	#na	#na	#na	#na	#na	#na	#na
埃及	#na	#na	1.3	2.3	0.7	1.7	0.5	2.5
埃塞俄比亚	#na	#na	#na	#na	0.3	0.1	0.7	0.9
冈比亚	#na	#na	#na	#na	0.4	0.0	0.7	0.0
加纳	#na	#na	#na	#na	0.8	0.5	0.6	0.7
几内亚比绍	#na	#na	#na	#na	1.0	0.2	1.4	0.5
肯尼亚	#na	#na	#na	#na	1.1	0.4	1.0	1.0
利比里亚	#na	#na	#na	#na	1.2	1.0	1.7	1.5
利比亚	#na	#na	0.6	0.9	#na	#na	#na	#na
马达加斯加	#na	#na	#na	#na	0.5	0.0	0.8	0.0
马拉维	#na	#na	#na	#na	1.1	0.0	1.6	0.0
马里	#na	#na	#na	#na	0.9	0.0	1.2	0.3
毛里求斯	0.5	0.5	#na	#na	1.4	0.2	1.2	0.6
摩洛哥	0.3	0.3	0.0	0.0	0.5	0.1	1.5	1.3
莫桑比克	#na	#na	#na	#na	0.9	0.3	1.2	0.6
纳米比亚	0.1	0.1	#na	#na	#na	#na	#na	#na
尼日尔	#na	#na	#na	#na	0.5	0.1	0.9	0.0

国家/地区	煤炭税		天然气税		汽油税		柴油税	
	收入来自		收入来自		收入来自		收入来自	
	矫正税	税额变化	矫正税	税额变化	矫正税	税额变化	矫正税	税额变化
尼日利亚	#na	#na	0.2	0.2	0.5	1.0	0.0	0.0
卢旺达	#na	#na	#na	#na	0.8	0.0	1.4	0.0
圣多美和普林西比	#na	#na	#na	#na	#na	#na	#na	#na
塞内加尔	0.1	0.1	#na	#na	0.2	0.0	0.9	0.0
塞舌尔	#na	#na	#na	#na	#na	#na	1.2	0.0
塞拉利昂	#na	#na	#na	#na	0.4	0.1	0.6	0.6
南非	3.2	3.2	0.1	0.1	1.7	1.0	1.0	0.6
苏丹	#na	#na	#na	#na	#na	#na	#na	#na
斯威士兰	#na	#na	#na	#na	0.9	0.5	1.2	0.6
坦桑尼亚	#na	#na	0.2	0.2	0.7	0.2	1.3	0.2
多哥	#na	#na	#na	#na	1.6	0.0	0.7	0.1
突尼斯	#na	#na	0.7	0.7	0.7	0.5	1.5	1.2
乌干达	#na	#na	#na	#na	1.2	0.0	1.5	0.3
赞比亚	#na	#na	#na	#na	0.9	0.1	0.9	0.0
津巴布韦	2.7	2.7	#na	#na	0.7	0.0	0.7	0.1
亚洲和大洋洲								
阿富汗	#na	#na	0.1	0.1	0.6	0.1	0.8	0.4
澳大利亚	0.5	0.5	0.1	0.2	0.8	0.2	0.5	0.2
孟加拉	0.1	0.1	1.2	2.9	0.2	0.1	0.3	0.7
不丹	#na	#na	#na	#na	1.4	1.0	1.8	2.3
文莱	#na	#na	#na	#na	#na	#na	#na	#na
柬埔寨	#na	#na	#na	#na	1.2	0.7	1.7	1.5
中国	6.8	6.8	0.2	0.2	0.8	0.3	0.6	0.3
斐济	#na	#na	#na	#na	#na	#na	#na	#na

续表

国家/地区	煤炭税		天然气税		汽油税		柴油税	
	收入来自		收入来自		收入来自		收入来自	
	矫正税	税额变化	矫正税	税额变化	矫正税	税额变化	矫正税	税额变化
中国香港地区	#na	#na	#na	#na	#na	#na	#na	#na
印度	3.1	3.1	0.3	0.4	0.8	0.5	1.0	1.2
印尼	0.5	0.5	0.4	0.4	0.9	1.2	0.5	1.3
日本	0.3	0.3	0.2	0.2	1.1	0.3	0.5	0.4
基里巴斯	#na	#na	#na	#na	#na	#na	#na	#na
韩国	#na	#na	#na	#na	#na	#na	#na	#na
马来西亚	0.8	0.8	0.9	1.3	2.0	2.1	0.9	1.2
马尔代夫	#na	#na	#na	#na	#na	#na	#na	#na
蒙古国	6.0	6.0			2.7	1.3	0.2	0.2
新西兰	0.1	0.1	0.2	0.2	1.0	0.0	0.6	0.6
巴基斯坦	0.4	0.4	1.2	3.8	0.5	03	1.0	1.4
巴布亚新几内亚	#na	#na	#na	#na	0.4	#na	#na	#na
菲律宾	0.5	0.5	0.1	0.1	0.5	0.1	0.6	0.9
萨摩亚	#na	#na	#na	#na	0.4	0.1	0.8	0.3
新加坡	#na	#na	0.3	0.3	0.5	0.3	1.1	0.9
斯里兰卡	0.0	0.0	#na	#na	0.9	0.6	1.1	2.0
中国台湾地区	#na	#na	#na	#na	#na	#na	#na	#na
泰国	0.9	1.1	0.8	1.0	1.0	0.0	1.4	1.4
越南	1.7	1.7	0.6	0.8	2.4	1.2	2.2	2.0

　　注：该表显示了以GDP百分比的形式对不同燃油税收入的估计，其中一列显示了矫正税的收入，另一列是税收收入的变化，即与现行税（或补贴）收入（或收入损失）相比的变化。在现行税比矫正税高的情况下，税收改革的收入会被认为是零（原因在第4章中讨论过，矫正的汽车燃油税可能被低估了，因此在这种情况下降低税率可能是不合理的）。为了计算方便，没有考虑能源及其他替代能源之间的税收浮动关系。粗体#na=数据缺失，其他#na=燃料未被采用。

　　资料来源：见附件6-1。

附件表6-3　　2010年全球各国及地区税收改革对健康和环境影响

国家/地区	减少污染死亡人数				降低CO$_2$排放量			
	煤炭税	天然气税	汽油税	柴油税	煤炭税	天然气税	汽油税	柴油税
北美								
加拿大	16.8	2.8	1.8	3.4	4.4	7.5	2.4	1.0
墨西哥	3.4	0.8	5.2	9.2	2.7	6.5	5.4	2.3
美国	47.2	3.3	1.1	2.4	11.5	5.8	3.9	1.4
中南美洲								
阿根廷	#na	#na	#na	#na	0.7	11.6	#na	#na
巴巴多斯	#na	#na	#na	#na	#na	0.7	#na	#na
玻利维亚	#na	1.5	1.5	20.0	#na	7.9	3.3	7.3
巴西	6.8	0.2	0.0	5.4	3.8	2.7	0.0	2.1
智利	9.0	0.1	0.4	11.8	9.1	3.4	0.6	3.6
哥伦比亚	9.7	0.4	0.0	13.1	5.8	5.9	0.4	3.8
哥斯达黎加	#na	#na	1.4	13.3	#na	#na	5.0	7.6
古巴	#na	#na	#na	#na	#na	1.4	#na	#na
多米尼加共和国	22.7	#na	2.8	11.8	6.3	#na	6.4	4.3
厄瓜多尔	#na	0.2	7.9	44.2	#na	1.2	23.6	21.3
萨尔瓦多	#na	#na	3.1	13.8	#na	#na	10.8	7.8
危地马拉	#na	#na	#na	#na	4.3	#na	#na	#na
洪都拉斯	#na	#na	#na	#na	#na	#na	5.0	#na
牙买加	#na	#na	1.8	8.7	#na	#na	6.0	4.8
尼加拉瓜	#na	#na	0.9	#na	#na	#na	3.3	#na
巴拿马	4.8	#na	2.9	19.6	1.7	#na	10.1	11.2

续表

国家/地区	减少污染死亡人数				降低CO₂排放量			
	煤炭税	天然气税	汽油税	柴油税	煤炭税	天然气税	汽油税	柴油税
巴拉圭	#na	#na	0.4	12.3	#na	#na	2.0	9.6
秘鲁	1.5	0.4	0.3	9.1	2.3	6.5	0.6	3.7
圣文森特和格林纳丁斯群岛	#na	#na	#na	#na	#na	#na	#na	#na
苏里南	#na	#na	0.0	4.3	#na	#na	0.1	1.2
特立尼达和多巴哥	#na	#na	#na	#na	#na	15.8	#na	#na
乌拉圭	#na	0.1	0.0	0.0	#na	0.8	1.5	0.0
委内瑞拉	#na	1.7	29.0	50.5	#na	8.9	30.5	8.7
欧洲								
阿尔巴尼亚	#na	#na	0.0	0.0	#na	#na	0.1	0.0
奥地利	9.2	4.0	0.0	0.0	8.6	7.3	0.0	0.0
比利时	31.8	4.0	0.0	0.5	9.0	10.9	0.0	0.6
波斯尼亚和黑塞哥维那	#na	#na	0.0	0.0	#na	#na	0.0	0.0
保加利亚	89.1	#na	0.0	0.0	17.5	#na	0.0	0.0
克罗地亚	51.1	5.3	0.0	0.0	7.5	12.0	0.0	0.0
塞浦路斯	#na	#na	0.0	0.0	#na	#na	0.0	0.0
捷克共和国	39.2	0.7	0.0	0.0	29.6	3.6	0.0	0.0
丹麦	13.6	4.5	0.0	4.3	12.0	5.4	1.4	2.8
芬兰	17.1	2.2	0.0	0.7	12.5	4.4	0.0	0.3
法国	13.8	3.3	0.0	1.7	7.2	7.8	0.0	1.2
德国	22.3	2.6	0.0	0.0	15.9	5.9	0.0	0.0

续表

国家/地区	减少污染死亡人数				降低CO₂排放量			
	煤炭税	天然气税	汽油税	柴油税	煤炭税	天然气税	汽油税	柴油税
希腊	48.0	0.2	0.0	0.0	9.7	2.3	0.0	0.0
匈牙利	42.2	4.9	0.0	0.0	7.5	12.3	0.0	0.0
冰岛	#na	#na	0.0	0.0	#na	#na	0.0	0.0
爱尔兰	26.8	2.5	0.0	0.0	4.6	6.8	0.0	0.0
意大利	6.2	4.6	0.0	0.0	5.9	9.8	0.0	0.0
卢森堡	#na	#na	#na	#na	#na	5.7	0.6	4.4
马其顿	#na	#na	#na	#na	19.1	0.7	#na	#na
马耳他	#na	#na	#na	#na	#na	#na	0.0	0.0
黑山共和国	#na	#na	#na	#na	19.6	#na	#na	#na
荷兰	9.5	9.3	0.0	0.4	7.0	12.7	0.0	0.2
挪威	#na	1.6	0.0	7.7	#na	9.0	0.1	2.2
波兰	50.7	0.6	0.0	0.0	29.8	2.3	0.0	0.0
葡萄牙	19.7	1.3	0.0	0.0	5.5	5.2	0.0	0.0
罗马尼亚	71.2	1.9	0.0	0.0	10.4	9.5	0.0	0.0
塞尔维亚	84.1	0.3	0.0	0.0	22.6	2.6	0.0	0.0
斯洛伐克共和国	33.2	2.9	#na	#na	17.0	7.9	#na	#na
斯洛文尼亚	36.4	1.6	0.0	0.0	15.4	3.8	0.0	0.0
西班牙	17.3	1.3	0.0	3.9	5.1	6.9	0.0	2.3
瑞典	4.4	0.6	0.0	0.0	6.5	1.8	0.0	0.0
瑞士	#na	8.0	0.3	3.3	#na	4.0	1.9	1.0
土耳其	72.9	0.6	0.0	0.0	7.5	5.4	0.1	0.6

续表

国家/地区	减少污染死亡人数				降低CO₂排放量			
	煤炭税	天然气税	汽油税	柴油税	煤炭税	天然气税	汽油税	柴油税
英国	37.5	3.8	0.0	0.0	12.5	9.7	0.0	0.0
欧亚大陆								
亚美尼亚	#na	#na	#na	#na	#na	5.1	0.2	0.1
阿塞拜疆	#na	6.4	9.6	11.1	#na	11.7	3.1	1.8
白俄罗斯	#na	14.3	0.2	11.7	#na	21.9	0.3	2.7
爱沙尼亚	#na	2.8	0.0	0.0	#na	1.3	0.0	0.0
格鲁吉亚	#na	1.6	2.9	5.8	#na	8.8	2.2	2.1
哈萨克斯坦	68.6	1.1	2.4	1.0	18.1	4.7	1.3	0.3
吉尔吉斯斯坦	#na	#na	#na	#na	6.5	#na	#na	#na
拉脱维亚	6.4	6.0	0.0	0.0	2.4	12.1	0.0	0.0
立陶宛	#na	3.5	0.0	4.9	#na	11.5	0.0	1.7
俄罗斯	25.0	5.7	5.9	9.5	11.5	15.0	2.7	1.4
塔吉克斯坦	#na	#na	#na	#na	#na	#na	2.8	#na
土库曼斯坦	#na	#na	#na	#na	#na	15.4	#na	#na
乌克兰	75.3	1.9	0.0	0.2	18.7	10.7	0.5	0.4
乌兹别克斯坦	#na	#na	#na	#na	0.9	14.8	#na	#na
中东								
巴林	#na	10.9	3.1	17.2	#na	14.7	4.4	3.8
伊朗	#na	#na	10.9	3.1	#na	12.0	8.4	12.3
伊拉克	#na	#na	#na	#na	#na	3.8	#na	#na
以色列	66.4	0.4	0.0	0.0	14.5	3.9	0.0	0.0

国家/地区	减少污染死亡人数				降低CO$_2$排放量			
	煤炭税	天然气税	汽油税	柴油税	煤炭税	天然气税	汽油税	柴油税
约旦	#na	3.1	1.8	13.2	#na	8.0	3.4	3.9
科威特	#na	#na	13.2	48.7	#na	#na	11.4	6.6
黎巴嫩	#na	#na	#na	#na	#na	1.3	#na	#na
阿曼	#na	13.5	7.0	3.6	#na	14.8	7.1	0.6
卡塔尔	#na	#na	#na	#na	#na	17.8	#na	#na
沙特阿拉伯	#na	2.3	7.8	55.5	#na	10.0	13.0	14.5
叙利亚	#na	3.0	1.8	32.1	#na	9.6	3.6	9.9
阿联酋	#na	#na	#na	#na	#na	13.9	#na	#na
非洲								
阿尔及利亚	#na	#na	#na	#na	#na	10.4	#na	#na
安哥拉	#na	#na	#na	#na	#na	2.4	#na	#na
贝宁	#na	#na	0.0	0.0	#na	#na	0.6	0.0
博茨瓦纳	38.6	#na	3.9	4.1	12.7	#na	5.0	2.5
布基纳法索	#na	#na	0.0	0.0	#na	#na	0.0	0.0
布隆迪	#na	#na	0.0	0.0	#na	#na	0.0	0.0
佛得角	#na	#na	#na	#na	#na	#na	0.6	1.2
喀麦隆	#na	0.1	0.0	0.0	#na	2.9	0.0	0.0
中非共和国	#na	#na	1.0	0.0	#na	#na	1.9	0.0
科摩罗	#na	#na	#na	#na	#na	#na	#na	#na
刚果	#na	#na	#na	#na	#na	4.5	#na	#na
科特迪瓦	#na	1.5	#na	#na	#na	7.4	#na	#na

续表

国家/地区	减少污染死亡人数				降低CO_2排放量			
	煤炭税	天然气税	汽油税	柴油税	煤炭税	天然气税	汽油税	柴油税
埃及	#na	4.8	3.5	36.8	#na	11.8	5.8	9.2
埃塞俄比亚	#na	#na	0.9	11.5	#na	#na	1.7	10.5
冈比亚	#na	#na	0.0	0.0	#na	#na	0.0	0.0
加纳	#na	#na	3.1	6.7	#na	#na	4.9	5.0
几内亚比绍	#na	#na	0.0	0.0	#na	#na	0.3	0.2
肯尼亚	#na	#na	1.5	8.6	#na	#na	2.3	6.3
利比里亚	#na	#na	3.5	9.6	#na	#na	2.6	3.4
利比亚	#na	#na	#na	#na	#na	8.3	#na	#na
马达加斯加	#na	#na	0.0	0.0	#na	#na	0.0	0.0
马拉维	#na	#na	0.0	0.0	#na	#na	0.0	0.0
马里	#na	#na	0.0	0.0	#na	#na	0.0	0.0
毛里求斯	#na	#na	#na	#na	8.6	#na	0.4	0.7
摩洛哥	27.4	0.1	0.4	8.8	11.3	0.9	0.5	5.8
莫桑比克	#na	#na	#na	#na	#na	#na	1.5	1.0
纳米比亚	#na	#na	#na	#na	3.3	#na	#na	#na
尼日尔	#na	#na	0.0	0.0	#na	#na	0.7	0.0
尼日利亚	#na	0.8	21.4	0.7	#na	7.2	13.1	0.2
卢旺达	#na	#na	0.0	0.0	#na	#na	0.0	0.0
圣多美和普林西比	#na	#na	#na	#na	#na	#na	#na	#na
塞内加尔	9.4	#na	0.0	0.0	5.3	#na	0.0	0.0
塞舌尔	#na	#na	#na	#na	#na	#na	#na	0.0

国家/地区	减少污染死亡人数				降低CO₂排放量			
	煤炭税	天然气税	汽油税	柴油税	煤炭税	天然气税	汽油税	柴油税
塞拉利昂	#na	#na	0.0	1.7	#na	#na	0.3	0.4
南非	67.5	0.0	0.4	1.3	22.2	0.2	0.9	0.4
苏丹	#na	#na	#na	#na	#na	#na	#na	#na
斯威士兰	#na	#na	#na	#na	#na	#na	2.2	1.3
坦桑尼亚	#na	0.3	0.7	0.0	#na	4.7	0.9	0.0
多哥	#na	#na	0.0	0.0	#na	#na	0.0	0.0
突尼斯	#na	2.5	2.2	9.1	#na	10.4	1.6	3.6
乌干达	#na	#na	0.0	0.0	#na	#na	0.0	0.0
赞比亚	#na	#na	0.0	0.0	#na	#na	1.4	0.0
津巴布韦	61.1	#na	0.0	0.0	19.8	#na	0.0	0.0
亚洲和大洋洲								
阿富汗	#na	0.1	0.0	0.0	#na	0.7	0.2	0.0
澳大利亚	19.8	0.3	0.5	3.6	11.8	2.9	0.8	0.7
孟加拉	18.5	7.2	0.6	9.5	1.5	15.0	0.3	2.2
不丹	#na	#na	#na	#na	#na	#na	4.7	12.4
文莱	#na	#na	#na	#na	#na	20.4	#na	#na
柬埔寨	#na	#na	2.6	13.3	#na	#na	2.0	4.5
中国	65.9	0.1	0.0	0.1	32.8	0.7	0.3	0.2
斐济	#na	#na	#na	#na	#na	#na	#na	#na
中国香港地区	#na	#na	#na	#na	15.5	#na	#na	#na
印度	63.1	0.2	0.2	1.0	22.0	1.5	0.6	1.7

续表

国家/地区	减少污染死亡人数				降低CO$_2$排放量			
	煤炭税	天然气税	汽油税	柴油税	煤炭税	天然气税	汽油税	柴油税
印尼	38.4	1.5	2.2	12.6	9.2	5.2	5.3	4.4
日本	17.2	3.3	1.2	8.1	16.5	5.1	1.9	1.9
基里巴斯	#na	#na	**#na**	**#na**	#na	#na	**#na**	**#na**
韩国	3.7	3.9	0.1	**#na**	27.2	5.3	0.5	**#na**
马来西亚	20.0	2.8	2.4	11.6	9.3	7.0	5.1	3.0
马尔代夫	#na	#na	**#na**	**#na**	#na	#na	**#na**	**#na**
蒙古国	71.4	**#na**	0.3	0.2	13.5	**#na**	0.9	0.1
新西兰	14.1	0.4	**#na**	12.7	4.9	5.1	0.0	3.4
巴基斯坦	31.1	4.3	0.5	4.6	2.3	10.3	0.6	3.0
巴布亚新几内亚	**#na**	**#na**	**#na**	**#na**	**#na**	**#na**	**#na**	**#na**
菲律宾	51.3	0.2	0.1	5.0	12.9	1.9	0.6	3.3
萨摩亚	**#na**	**#na**	**#na**	**#na**	**#na**	**#na**	**#na**	**#na**
新加坡	**#na**	2.6	0.9	34.9	**#na**	1.6	0.3	1.0
斯里兰卡	6.7	**#na**	2.6	21.7	**#na**	**#na**	2.9	11.7
中国台湾地区	**#na**	**#na**	**#na**	**#na**	20.2	3.4	**#na**	**#na**
泰国	66.3	1.1	0.0	1.7	9.2	6.9	0.0	2.4
越南	44.2	0.3	1.6	5.1	12.4	2.9	1.7	2.6

注：该表显示了全球各国通过实施对四种燃料的矫正税（忽视对使用其他燃料的影响）而减少的污染死亡人数和降低的CO$_2$排放量。CO$_2$排放量减少的具体原因，见图3-1，污染死亡人数的减少也来自类似的原因。在现行税超过矫正税的情况下，从税收改革中得到的潜在健康和CO$_2$减排的幅度为零。粗体#na=数据缺失，其他#na=燃料未被采用。

资料来源：见附件6-2。

附件表6-4　　2010年全球各国及地区现行燃料消费税的预估

国家/地区	现行消费税			
	煤炭 （美元/吉焦）	天然气 （美元/吉焦）	汽油 （美元/升）	柴油 （美元/升）
北美				
加拿大	0.0	-0.2	0.36	0.42
墨西哥	0.0	0.0	0.10	0.10
美国	0.0	-0.1	0.13	0.14
中南美洲				
阿根廷	0.0	-1.3	0.33	0.39
巴巴多斯	0.0	0.0	0.42	0.28
玻利维亚	0.0	0.0	0.07	-0.12
巴西	0.0	0.0	0.75	0.28
智利	0.0	0.0	0.60	0.26
哥伦比亚	0.0	0.0	0.78	0.29
哥斯达黎加	0.0	0.0	0.31	0.11
古巴	#na	#na	#na	#na
多米尼加共和国	0.0	0.0	0.40	0.17
厄瓜多尔	0.0	0.0	-0.32	-0.45
萨尔瓦多	0.0	0.0	0.09	0.03
危地马拉	0.0	0.0	0.13	0.04
洪都拉斯	0.0	0.0	0.21	0.06
牙买加	0.0	0.0	0.15	0.12
尼加拉瓜	0.0	0.0	0.26	0.00
巴拿马	0.0	0.0	0.02	-0.09
巴拉圭	0.0	0.0	0.45	0.15

续表

国家/地区	现行消费税			
	煤炭 （美元/吉焦）	天然气 （美元/吉焦）	汽油 （美元/升）	柴油 （美元/升）
秘鲁	0.0	0.0	0.58	0.24
圣文森特和格林纳丁斯群岛	#na	#na	#na	#na
苏里南	0.0	0.0	0.31	0.26
特立尼达和多巴哥	0.0	0.0	0.00	0.00
乌拉圭	0.0	0.0	0.66	0.58
委内瑞拉	0.0	−1.3	−0.60	−0.65
欧洲				
阿尔巴尼亚	0.0	0.0	0.63	0.54
奥地利	0.0	0.0	0.93	0.78
比利时	0.0	0.0	1.18	0.83
波斯尼亚和黑塞哥维那	0.0	0.0	0.59	0.56
保加利亚	0.0	0.0	0.71	0.65
克罗地亚	0.0	0.0	0.86	0.73
塞浦路斯	#na	0.0	0.69	0.66
捷克共和国	0.0	0.0	0.99	0.89
丹麦	0.0	0.0	1.16	0.87
芬兰	0.0	0.0	1.22	0.80
法国	0.0	0.0	1.13	0.84
德国	−1.3	0.0	1.20	0.92
希腊	−0.1	0.0	1.29	0.89
匈牙利	0.0	0.0	0.95	0.82
冰岛	#na	0.0	0.88	0.85

续表

国家/地区	现行消费税			
	煤炭 （美元/吉焦）	天然气 （美元/吉焦）	汽油 （美元/升）	柴油 （美元/升）
爱尔兰	-3.3	0.0	1.05	0.90
意大利	0.0	0.0	1.08	0.86
卢森堡	#na	0.0	0.84	0.60
马其顿	#na	#na	#na	#na
马耳他	#na	0.0	0.87	0.73
黑山共和国	#na	#na	#na	#na
荷兰	0.0	0.0	1.31	0.84
挪威	0.0	-0.2	1.34	1.11
波兰	-0.6	0.0	0.85	0.71
葡萄牙	-0.1	0.0	1.12	0.77
罗马尼亚	0.0	0.0	0.76	0.69
塞尔维亚	0.0	0.0	0.67	0.62
斯洛伐克共和国	#na	#na	#na	#na
斯洛文尼亚	-0.4	0.0	0.96	0.86
西班牙	-2.0	0.0	0.85	0.70
瑞典	0.0	0.0	1.19	1.01
瑞士	#na	0.0	0.87	0.92
土耳其	-0.5	0.0	1.37	0.97
英国	0.0	-0.1	1.20	1.21
欧亚大陆				
亚美尼亚	#na	0.0	0.28	0.14
阿塞拜疆	#na	-0.9	0.09	-0.05

续表

国家/地区	现行消费税			
	煤炭 （美元/吉焦）	天然气 （美元/吉焦）	汽油 （美元/升）	柴油 （美元/升）
白俄罗斯	0.0	0.0	0.45	0.20
爱沙尼亚	0.0	0.0	0.83	0.79
格鲁吉亚	0.0	0.0	0.30	0.23
哈萨克斯坦	−0.2	−0.2	0.12	−0.08
吉尔吉斯斯坦	#na	#na	#na	#na
拉脱维亚	0.0	0.0	0.76	0.71
立陶宛	0.0	0.0	0.87	0.62
俄罗斯	0.0	−0.9	0.02	0.02
塔吉克斯坦	0.0	0.0	0.13	0.10
土库曼斯坦	0.0	−4.4	−0.34	−0.38
乌克兰	0.0	−1.9	0.18	0.06
乌兹别克斯坦	0.0	−5.3	0.17	0.08
中东				
巴林	0.0	0.0	−0.30	−0.38
伊朗	0.0	−4.8	−0.37	−0.55
伊拉克	0.0	−1.6	−0.18	−0.23
以色列	0.0	−0.2	0.93	0.94
约旦	0.0	0.0	0.14	−0.09
科威特	0.0	−1.7	−0.32	−0.38
黎巴嫩	0.0	0.0	0.36	−0.06
阿曼	0.0	−2.2	−0.24	−0.19
卡塔尔	0.0	−1.6	−0.33	−0.38

续表

国家/地区	现行消费税			
	煤炭 （美元/吉焦）	天然气 （美元/吉焦）	汽油 （美元/升）	柴油 （美元/升）
沙特阿拉伯	0.0	0.0	-0.38	-0.50
叙利亚	0.0	0.0	0.27	-0.34
阿联酋	0.0	-4.6	-0.20	0.03
非洲				
阿尔及利亚	0.0	-8.6	-0.24	-0.39
安哥拉	0.0	0.0	-0.12	-0.31
贝宁	0.0	0.0	0.20	0.22
博茨瓦纳	0.0	0.0	0.10	0.11
布基纳法索	0.0	0.0	0.57	0.38
布隆迪	0.0	0.0	0.63	0.60
佛得角	0.0	0.0	0.99	0.44
喀麦隆	0.0	0.0	0.37	0.24
中非共和国	0.0	0.0	0.81	0.76
科摩罗	0.0	0.0	0.0	0.0
刚果	#na	#na	#na	#na
科特迪瓦	#na	#na	#na	#na
埃及	#na	-1.4	-0.42	-0.57
埃塞俄比亚	0.0	0.0	0.23	0.00
冈比亚	0.0	0.0	0.56	0.35
加纳	0.0	0.0	0.11	0.05
几内亚比绍	0.0	0.0	0.52	0.29
肯尼亚	0.0	0.0	0.38	0.07

续表

国家/地区	现行消费税			
	煤炭 （美元/吉焦）	天然气 （美元/吉焦）	汽油 （美元/升）	柴油 （美元/升）
利比里亚	0.0	0.0	0.17	0.14
利比亚	0.0	-1.1	-0.41	-0.46
马达加斯加	0.0	0.0	0.57	0.31
马拉维	0.0	0.0	0.88	0.68
马里	0.0	0.0	0.51	0.30
毛里求斯	0.0	0.0	0.62	0.29
摩洛哥	0.0	0.0	0.61	0.14
莫桑比克	0.0	0.0	0.38	0.25
纳米比亚	0.0	0.0	0.23	0.23
尼日尔	0.0	0.0	0.24	0.30
尼日利亚	0.0	0.0	-0.19	0.11
卢旺达	0.0	0.0	1.00	0.96
圣多美和普林西比	#na	#na	**#na**	**#na**
塞内加尔	0.0	0.0	0.59	0.32
塞舌尔	0.0	0.0	0.00	0.55
塞拉利昂	0.0	0.0	0.14	0.10
南非	0.0	0.0	0.35	0.34
苏丹	#na	#na	**#na**	**#na**
斯威士兰	0.0	0.0	0.24	0.24
坦桑尼亚	0.0	0.0	0.48	0.40
多哥	0.0	0.0	0.31	0.26
突尼斯	0.0	0.0	0.22	0.16

续表

国家/地区	现行消费税			
	煤炭 （美元/吉焦）	天然气 （美元/吉焦）	汽油 （美元/升）	柴油 （美元/升）
乌干达	0.0	0.0	0.73	0.39
赞比亚	0.0	0.0	0.76	0.59
津巴布韦	0.0	0.0	0.46	0.29
亚洲和大洋洲				
阿富汗	#na	0.0	0.20	0.18
澳大利亚	0.0	−0.1	0.49	0.49
孟加拉	0.0	−2.6	0.26	−0.23
不丹	#na	0.0	0.25	−0.04
文莱	#na	#na	#na	#na
柬埔寨	#na	0.0	0.32	0.12
中国	0.0	0.0	0.39	0.37
斐济	#na	0.0	0.00	0.00
中国香港地区	#na	#na	#na	#na
印度	0.0	−0.1	0.36	−0.04
印尼	0.0	0.0	−0.13	−0.35
日本	0.0	0.0	0.75	0.46
基里巴斯	#na	0.0	0.00	0.00
韩国	#na	#na	0.85	#na
马来西亚	0.0	−0.8	−0.04	−0.10
马尔代夫	#na	0.0	0.00	0.00
蒙古国	0.0	0.0	0.28	0.18
新西兰	0.0	0.0	0.63	0.13

续表

国家/地区	现行消费税			
	煤炭 （美元/吉焦）	天然气 （美元/吉焦）	汽油 （美元/升）	柴油 （美元/升）
巴基斯坦	0.0	−4.1	0.17	−0.03
巴布亚新几内亚	#na	0.0	0.00	0.00
菲律宾	0.0	0.0	0.22	−0.02
萨摩亚	#na	0.0	0.20	0.20
新加坡	#na	0.0	0.69	0.31
斯里兰卡	0.0	0.0	0.21	−0.20
中国台湾地区	#na	#na	**#na**	**#na**
泰国	−0.9	−0.3	0.59	0.09
越南	0.0	−0.7	0.25	0.11

注：该表显示了对四种燃料的现行消费税（或补贴）的估计，Clements等（2013）采用价格差距法（比较国内和国际油价之间的差异），此方法一直适用于各国。这些估值不同于当局根据自己国家具体数据对税率的评估。粗体#na=数据缺失，其他#na=燃料未被采用。

资料来源：见附件6-1。

参考文献

Bovenberg, Lans A., and Lawrence H. Goulder (2001)'Neutralizing the Adverse Impacts of CO_2 Abatement Policies: What Does It Cost', in Behavioral and Distributional Effects of Environmental Policy , edited by C. Carraro and G. Metcalf .Chicago, Illinois: University of Chicago Press.

Clements, Benedict, David Coady, Stefania Fabrizio, Sanjeev Gupta, Trevor Alleyene, and Carlo Sdralevich, eds.(2013) Energy Subsidy Reform: Lessons and Implications .Washington: InternationalMonetary Fund.

Cropper, Maureen, Shama Gamkhar, Kabir Malik, Alex Limonov, and Ian Partridge (2012) 'The Health Effects of Coal Electricity Generation in India', Discussion Paper No. 12-15 .Washington: Resources for the Future.

Dinan, Terry, forthcoming (2009)'Offsetting a Carbon Tax's Burden on Low-Income Households', in Implementing a US Carbon Tax: Challenges and Debates, edited by I. Parry, A. Morris, and R. Williams .Washington: International Monetary Fund.

Ebert, Sebastian, Gerhard P. Metschies, Dominik Schmid, and Armin Wagner (2009) International Fuel Prices 2009 . Eschborn, Germany: Deutsche Gesellschaft für Internationale Zusammenarbeit.

International Monetary Fund (2013) World Economic Outlook Database . Washington: International Monetary Fund, online at: http:// www. imf. org/ external/pubs /ft/weo/2013/01 /weodata/index.aspx.

Parry, Ian W.H., Margaret Walls, and Winston Harrington (2007)'Automobile Externalities and Policies', Journal of Economic Literature, 45:374-400.

Sterner, Thomas (2007)'Fuel Taxes: An Important Instrument for Climate Policy', Energy Policy , 35(3): 202-3194.

United States Energy Information Administration (2012) Fuel Competition in Power Generation and Elasticities of Substitution .Washington: Energy Information Administration,US Department of Energy.

World Health Organization (2013) Global Health Observatory Data Repository .Geneva:World Health Organization.

[第7章]
要点概括

促进环保性可持续增长是所有国家面对的课题。诸如环境税或类似税收工具的魅力在于，只要设置合理并反映环境的影响，它们就能在保护环境和促进经济增长之间实现一种有效的平衡（尽管需要特别注意其基本目标、探索财政的可能性以及应用互补性工具）。

本书论述了不同国家环境损害的测算，聚焦与化石燃料使用相关的损害，以及如何将这些信息加以应用，从而促进"合理确定能源价格"这一理念得以付诸实施。

这种实验有很多需要注意的方面。从分析的角度来看，问题出现在数据可靠性和用来量化环境破坏的方法上。然而，环境损害评估的准确性正在显著提高，而且将持续提高，这得益于其他领域建模技术的提高。虽然有关这种测算合理性的争议依旧存在，如关于碳排放以及与污染和事故相关的死亡等的准确评估，但是本书所附的相关数据可以帮助我们回应这些争论，因为它们可以说明各种可能的假设是如何从经济方面对能源税体系产生影响的。

建立有效的能源税体系是具有高度挑战性的，尤其是关于提高能源价格可能遇到的抵触和阻力。然而，树立一种明确的方向感（从经济分析的视角为政策提供一种理想的指向）是非常有益的。这可以提供一种对照，以此判断其他方案的可行性，从而让政策制定者在处理问题时能更好地权衡，特别是在对比不同方案时，作用是显而易见的：一种是系统设计的税收改革带来环境成效和财税收入；另一种是常规管控措施带来较低的环境效能和财税收入。除此以外，其他非财政性工具也应被考虑在内，如能效标准和可再生能源标准等，当然要经过严格评估，特别是要按照书中的测算水平，对比其每吨排放对环境损害所造成的增量成本。

　　我们希望本书能够帮助各个国家推动政策改革，促进未来的分析研究和数据收集，从而使各个国家的损害评估更加准确，推动更多有实践意义的政策决定。研究表明，不论是发达国家，还是发展中国家，在实施有效的能源税政策和现行做法之间都普遍存在巨大的差距，在财政支出、环境和健康之间存在巨大的弥补空间，在合理确定能源价格方面有很多工作需要做。本书的目的就在于提供一些工具和证据，帮助各个国家在实践上取得进展。